世界著名家族
教子羊皮卷

华业/编著

国家行政学院出版社
全国百佳出版社
中央编译出版社

图书在版编目（CIP）数据

世界著名家族教子羊皮卷 / 华业编著 . —北京：
国家行政学院出版社，2012.1
ISBN 978-7-5150-0222-4

Ⅰ . ①世… Ⅱ . ①华… Ⅲ . ①家庭教育
Ⅳ . ① G78

中国版本图书馆 CIP 数据核字（2012）第 009008 号

书　　名	世界著名家族教子羊皮卷
作　　者	华　业
责任编辑	田领红
出版发行	国家行政学院出版社　中央编译出版社
电　　话	（010）66122478
编 辑 部	（010）68929356
经　　销	新华书店
印　　刷	天津冠豪恒胜业印刷有限公司
版　　次	2012 年 2 月第 1 版
印　　次	2020 年 5 月第 2 次印刷
开　　本	710mm×1000mm　1/16 开
印　　张	14.5
字　　数	180 千字
书　　号	ISBN 978-7-5150-0222-4
定　　价	48.00 元

　　家庭是孩子的第一个"学校",父母是孩子的第一个"老师"。潜移默化的家庭教育及影响,将会直接关系到孩子的道德品质、法纪观念、人生观等的形成。有人对美国数十位荣获诺贝尔奖的科学家作了一次调查,得出一个惊人的结论:百分之八十的科学家背后都有一个更为深厚的家庭文化作为支撑。也许正是这样的起点,注定了他们一生的辉煌。

　　在美国,有两个家族都已繁衍了八代子孙。一个家族的始祖是200年前康涅狄格州德高望重的著名哲学家嘉纳塞·爱德华。由于他重视子女的教育,并代代相传,在他的八代子孙中共出了1位副总统、1位外交官、13位大学院长、103位大学教授、60位医生、20多个议员……在长达两个世纪的传承中,竟没有一人被关、被捕、被判刑的。另一个家族的始祖是200年前纽约州的马克斯·莱克,他是个臭名昭著的赌棍加酒鬼,开设赌馆,对子女教育不闻不问。在他的八代子孙中有7个杀人犯、65个盗窃犯、324个乞丐,因狂饮夭亡或成为残废者的多达400多人。

　　有句古老的谚语:三代培养一个贵族。无论是古代、近代还是现代,凡是有所作为而又延续繁茂的家族无不在教育上有独到之处。比如影响中国千余年的《颜氏家训》、《朱氏家训》；比如《曾国藩家书》、《傅雷家书》……西方国家著名家族同样有如此的家训，比如洛克菲勒家族、布什家族、罗斯福家族等等。

不同时代的家族之所以能够传承延续并且持续辉煌，都凝聚了历史文化精华和丰富深刻的人生经验，折射出家族对后代教育的极其重视。这些家族核心教育理念对下一代的成长，对社会稳定和发展起到了极其重要的作用。

本书精选世界上著名家族教子家训编著成书，让读者学习和领悟教育孩子的杰出方法，让我们的后代不仅自强自立，而且具有非凡的气质和修养，让家族血脉和文明一代代延续下去。

目录
CONTENTS

第一章　品行 ·· 001

孔子家训：诗礼传家 ································ 002

司马光家训：由俭入奢易，由奢入俭难 ·········· 005

林肯家训：没有一种遗产能像诚实那样丰富了 ··· 009

里根家训：宽容、公正、慷慨、忠诚和自制的美德 ·· 013

罗斯福家训：在痛苦中经受磨炼 ················· 017

布什家训：儿子不靠老子，要靠自己 ············ 022

基辛格家训：保有一颗平常心 ···················· 026

柯立芝家训：凡事都要靠自己 ···················· 029

洛克菲勒家训：不要轻易相信任何人 ············ 033

雨果家训：按自己的兴趣去做 ···················· 036

第二章　真爱 ·· 041

颜氏家训：慈而有度，严而有格 ················· 042

曾氏家训：但愿为读书明理之君子 ··············· 046

杰斐逊家训：人人都是你的老师 ················· 051

默多克家训：财富要靠自己去创造 …………………………………054

杜鲁门家训：要实干不要空谈 ……………………………………058

罗斯柴尔德家训：坚持家族的和谐 ………………………………061

居里夫人家训：从独立思考开始 …………………………………065

弗洛伊德家训：对孩子要宠爱，但不要溺爱 ……………………069

野口英世家训：不要让人瞧不起 …………………………………074

第三章　智慧 ………………………………………………………079

郑板桥家训：要明理，做个好人 …………………………………080

梁启超家训：一个人要有责任感 …………………………………084

李嘉诚家训：做人要有吃苦耐劳的精神 …………………………088

荣氏家训：谨慎行事 ………………………………………………092

盖茨家训：只有专注才能成就大事 ………………………………095

歌德家训：你自己去想象吧 ………………………………………100

海斯家训：学得越多，发现自己越渺小 …………………………104

范布伦家训：克服弱点，发挥优点 ………………………………107

亚科卡家训：太阳明天还会出来 …………………………………110

第四章　勇气 ………………………………………………………115

苏氏家训：读书与求实 ……………………………………………116

宋氏家训：敢于为天下先 …………………………………………120

亚当斯家训：只要自己的良心鼓掌 ………………………………124

匡特家训：机会来了就要紧紧抓住 ………………………………128

艾森豪威尔家训：自信者方能自立，自立者方能自强 …………133

松下家训：坚持走自己的路 ………………………………………137

撒切尔家训：坚定自己的人生信念 ………………………………142

麦迪逊家训：勇敢面对挑战 ………………………………………146

华盛顿家训：勇敢承认错误 …………………………………………… 150

卡尔·威特家训：你一定行的 …………………………………………… 153

第五章　心理 …………………………………………………………… 159

老舍家训：勤奋是做人的根本 …………………………………………… 160

李苦禅家训：从艺先做人 ………………………………………………… 164

霍英东家训：谁不能主宰自己，就永远是一个奴隶 …………………… 169

李光耀家训：靠自己的劳动去换取想要得到的东西 …………………… 173

坎普拉德家训：我相信你 ………………………………………………… 178

威尔逊家训：坚持，梦想就会变成现实 ………………………………… 182

福布斯家训：我希望你知道什么是准则 ………………………………… 187

肯尼迪家训：我们家庭里要的是胜利者 ………………………………… 192

爱因斯坦家训：我的孩子将来肯定有出息 ……………………………… 196

第六章　成功 …………………………………………………………… 201

董建华家训：吃苦耐劳，方能成就大业 ………………………………… 202

尼克松家训：要收获就要付出汗水 ……………………………………… 207

福特家训：有成就欲才能成功 …………………………………………… 210

门罗家训：宽容也是一种能力 …………………………………………… 214

爱迪生家训：有好奇心才有求知欲 ……………………………………… 217

丘吉尔家训：理解孩子 …………………………………………………… 221

第一章
品行

德是人才之本，高尚的道德品质是事业心的动力，强烈的事业心又是成功的基石。所以望子成龙应该把教子有德放在首位。正如苏联教育家苏霍姆林斯基所说："培养和谐个性的过程就在于：教育者在关心人的每一个方面和特征完善的同时，任何时候也不要忽略这种情况，即人的所有各个方面和特征的和谐，都是由某种主导的、首要的东西所决定的。"在这个和谐里起决定作用的主导成分就是品行。

孔子家训：诗礼传家

孔子的祖先是宋国贵族，大约在孔子前几世就没落了。孔子年轻时做过几任小官，但他一生大部分时间都是从事教育，相传所收弟子多达三千人，贤人72，教出不少有知识有才能的学生。

孔子的六代祖叫孔父嘉，是宋国的一位大夫，做过大司马，在宫廷内乱中被杀，其子木金父为避灭顶之灾逃到鲁国的陬邑，从此孔氏在陬邑定居，变成了鲁国人。

孔子的父亲叫叔梁纥，是当时鲁国有名的武士，建立过两次战功，曾任陬邑大夫。

孔子家族被誉为"天下第一家族"。在其庞大的孔子家族中，出现了很多名人，例如，大家非常熟悉的孔子的第十一代孔武、第二十代孔融等。

曲阜是孔子的故里，中国历代帝王、文人和史学家对孔子非常崇敬，在他的家乡建起大型的孔庙，修建了孔子后代子孙居住的孔府和他的墓地孔林。

孔子为春秋末期思想家、教育家，儒学学派的创始人，任鲁国司寇，后携弟子周游列国；最终返鲁，专心执教。在世时已被誉为"天纵之圣"、"天之木铎""千古圣人"，是当时社会上最博学者之一，并且被后世尊为至圣（圣人之中的圣人）、万世师表。因父母曾为生子而祷于尼丘山，故名丘，曾修《诗》、《书》，定《礼》、《乐》，序《周易》，作《春秋》。孔子的思想及学说对后世产生了极其深远的影响。

他的学生陈亢疑心孔子对自己的儿子有特殊的教育内容,有一天问孔子的儿子伯鱼:"你听到过夫子有什么特殊的教导吗?"伯鱼说:"没有。有一次,父亲一个人在那里,我走过前庭,父亲问我,'学《诗》没有?'我说,'没有。'父亲说:'不学《诗》,无以言。'我后来就开始学《诗》。又有一次,我走过前庭时,又遇到父亲一个人在那里。父亲问我:'有没有学《礼》?'我说:'没有'。父亲说:'不学《礼》,无以立。'我回来以后就开始学《礼》。我听到过的就是这两点内容。"

陈亢说:"我问一个问题,得到了三个收获。知道了要学《诗》、学《礼》,又知道了孔子对自己的儿子并没有什么偏私。"

的确,诗和礼,都是孔子教育学生的重要内容。《史记》上说:"孔子以《诗》、《书》、《礼》、《乐》教弟子。"孔子自己对学生也说过他的教育内容"兴于《诗》,立于《礼》,成于《乐》。"和他对儿子说的话是一致的。这也许可以算是家庭教育和学校教育一致性的一个较早的典型事例。

对于孔子为什么这样重视诗教,我们现在的人可能会觉得不好理解。古代文字结构比较复杂,纸张、印刷都未发明,书写也很不方便。人们在劳动和社会生活中取得的经验,许多都是靠诗歌流传下来的。"诗言志,歌咏言",说的正是这种情况。所以,孔子对于用诗来进行教育特别重视。

孔子对他的学生说过学《诗》的好处:"小子!何莫学夫《诗》?《诗》可以兴,可以观,可以群,可以怨,迩之事父,远之事君,多识于鸟兽草木之名。"也就是说,学了《诗》,可以启发思想,可以用历史经验的对比来观察得失,可以增进团结,也可以用来进行批评,还可以学到许多自然知识,因此无论处理家庭内部关系,还是从事国家事务都用得着。事实上我们看到春秋战国的时候,一些人办外交,往往张口就两句诗，既能表达自己的意思，又比较婉转，不使气氛太紧张。

孔子特别强调要伯鱼读《诗经》中的《周南》和《召南》。他对伯鱼说："汝为《周南》、《召南》矣乎？人而不为《周南》、《召南》，其犹正墙面而立也？"面对墙站着，那就什么也看不见，一步也不能走了。为什么孔子把问题说得这么严重呢？原来《周南》和《召南》是《诗经》开头的一些篇章的总称，内容多和修身、齐家有关。孔子认为，人的道德修养就应从这里开始。

后代的读书人，把孔子教育儿子的方法称作"诗礼传家"。当然，今天我们教育子女的内容和他们有根本的不同。但在教育孩子的道德修养方面，以"诗礼"为据，还是很有必要的。

我们需要培养的是能够担当社会主义现代化建设任务的接班人。因此，孔子教子的经验有很多值得我们借鉴的地方。孩子的形象思维比抽象思维发达，利用文艺形式对他们进行具体形象的教育，比干巴巴的说教往往有效得多。在对孩子的教育中，又必须把道德品质放在首位。只有这样，孩子长大后，才能正确处理人与人之间的关系，正确处理个人与集体、国家间的关系，他的学习和工作才有正确和持久的动力，才能真正成为一个对国家对人民有益、正直而有成就的人。

孔子说的"不学《礼》，无以立"比较容易明白。他所说的礼，就是他所处的那个社会人与人之间关系的规范。离开了这些，在社会上当然就站不住脚了。

司马光家训：由俭入奢易，由奢入俭难

　　司马光的远祖可追溯到西晋皇族安平献王司马孚。到北魏时传至司马阳，曾为征东大将军。隋唐五代以后，司马家族的政治地位日渐下降。司马光的四世祖司马林、曾祖父司马政、伯祖父司马炳都以布衣而终。到了北宋初年，家世又有所转机，他的祖父司马炫考中了进士，官至耀州富平县令。虽然官职不大，但政绩显著，而且以气节著于乡里。司马光的父亲司马池，曾为兵部郎中、天章阁待制（属翰林学士院），官居四品，为人正直仁厚，号称一代名臣。

　　司马家族累世聚居，和睦相处，祖辈诗礼传家，家考严正，并且所有的族人都生活俭朴。司马光的叔父司马沂和司马浩为掌管这个大家庭而宁愿牺牲前程。司马沂自勉自励，辛苦经营，司马浩慷慨仗义，抚恤孤寡。司马光的先辈和他们这一辈，多好学上进，从祖父司马炫到司马光这一辈，有六七人都是进士出身，他们爱好诗文，其家族世代书香，"笃学力行"，是一个具有文化传统和学问素养的文明家族。

　　司马光的父亲司马池在宋朝那样官场风气十分奢侈、腐败的氛围中，不仅为官清廉，待人诚挚，而且个人生活俭朴，刻苦读书，认真做官，凡事多从百姓利益着想，在封建社会可以称得上是一个好官。

　　家庭教育对司马光的一生影响极大。他的祖辈，尤其是他的父亲对司马光的品行和为人处世，以至于远大抱负的形成，都起到了极大的作用。

　　司马光的儿子司马康，字公休。神宗熙宁三年（公元1070年）进士。

五年，监西京粮料院。光修《资治通鉴》，为检阅文字。授签书山南东道节度判官公事。元丰八年（公元1085年），擢秘书省正字。哲宗元祐元年（公元1086年），为校书郎。四年，为修神宗实录检讨官。五年，提举西山崇福宫，卒年41岁。

司马光虽官高权重，但教子严格，很注重培养子女自律自立的意识。他写了一篇传诵至今的《训俭示康》。他在总结了历史上许多达官显贵之子，因受祖上荫庇不能自强自立而颓废没落的教训，告诫其子："由俭入奢易，由奢入俭难"。

由于教子有方，司马光的子女，个个谦恭有礼，不仗父势，不恃家富，人生有成。以致世人有"途之人见容止，虽不识皆知司马氏子也"。

司马光的父亲司马池一生俭朴的生活习惯给了司马光很大的影响。司马池一生不追崇金银美服，也不喜欢华贵的打扮。因他在考中进士以后，皇帝举行喜宴，大家都戴上宫花，而唯独他不戴，还是一个同乡告诉他，这是皇帝所赐，他不得已戴上了。他一生对财利视之为"如恶恶臭"。当他身居高位以后，他依旧保持俭朴的生活习惯。"食不敢常有肉，衣不敢纯有帛。"到晚年的时候，他又将此美德教导儿孙，作《训俭示康》一篇专文，让子孙永远保持此优良传统。

司马光在工作和生活中都十分注意教育孩子力戒奢侈，谨身节用。他在《答刘蒙书》中说自己"视地而后敢行，顿足而后敢立"。为了完成《资治通鉴》这部历史巨著，他不但找来范祖禹、刘恕、刘攽当助手，还要自己的儿子司马康参加这项工作。当他看到儿子读书用指甲抓书页时，非常生气，就认真地传授他爱护书籍的经验与方法：读书前，要先把书桌擦干净，并垫上桌布；读书时，要坐得端端正正；翻书页时，要先用右手拇指的侧面把书页的边缘托起，再用食指轻轻盖住以揭开一页。他教诫儿子说：做生意的人要多积蓄一些本钱，读书人就应该好好爱护书籍。

在生活方面，司马光节俭纯朴，"平生衣取蔽寒，食取充腹"，但却"不敢服垢弊以矫俗于名"。他常常教育儿子说:"食丰而生奢,阔盛而生侈"。为了使儿子认识到崇尚俭朴的重要,他以家书的体裁写了一篇论俭约的文章。在文章中他强烈反对生活奢靡,极力提倡节俭朴实。

司马光还不断告诫孩子说:读书要认真,工作要踏实,生活要俭朴,表面上看来皆不是经国大事,然而,实质上是兴家繁国之基业。正是这些道德品质,才能修身、齐家,乃至治国、平天下。司马光关于"由俭入奢易,由奢入俭难"的家训,已成为世人传诵的名言。在他的教育下,儿子司马康从小就懂得俭朴的重要性,并以俭朴自律。他历任校书郎、著作郎兼任侍讲,也以博古通今、为人廉洁和生活俭朴而称誉于后世。

俭朴是中华民族的优良传统,它的主要功绩在于积有限之社稷资财,以兴家业,繁吾中华。因此,我国历史上众多有识之士在生活上都十分注意自身的俭朴,也十分重视对后代的俭朴教育。这种身教言传之精神,成为后人正身教子的楷模。

有些人在生活富裕的时候往往不知道节俭,而在生活贫困的时候想起了节俭。一般来说,人有一种思维定式和生活习惯,由苦日子转为好日子比较容易适应,而由好日子变成苦日子是难以适应的。所以,养成节俭的良好习惯对一个人的一生来说是非常重要的。

节俭既是一种美德,也是一种习惯。养成了节俭的习惯将会终身受用。节俭还是做人的美德。2000多年前的老子将节俭视为做人的法宝,历史上许多诗人学者也通过不同的文学形式倡导和讴歌节俭的美德。

在今天的社会中,有人说孩子学习不好是"次品",身体不好是"废品",而品质不好的则是"危险品"。次品也好,废品也好,都不会对社会造成危害,只有那些品质不好的危险品会给家庭、给社会带来很大的不幸。因此,年轻的父母们在教育孩子时切莫忽视了道德教育,记住让孩子多吃点苦,让他们学会珍惜,懂得节俭。

父母可以通过以下的方式,让孩子尝点"苦"头,学会节俭。

（1）经常给孩子讲前人、名人或者自己艰苦奋斗和节约的故事，在家庭中树立以艰苦奋斗为荣的风尚。

（2）要端正家风，提倡勤俭节约，反对挥霍浪费。父母以身作则，做出榜样，让孩子受到熏陶感染。在孩子吃的、用的、穿的方面，标准是保证孩子健康成长的需要，但不可大手大脚。有的父母跟着电视广告走，在孩子吃的、用的、穿的方面追求名牌、高档次，这样做不利于培养孩子艰苦奋斗的思想。

（3）要适当控制孩子在校学习期间的生活费用。即使家里经济条件好的父母也应注意让自己的孩子与其他孩子的生活水平相一致，可略高于一般学生，但不宜过于悬殊。

（4）细致观察孩子日常生活中的问题，教育孩子珍惜粮食和衣物，爱护玩具，使其从小养成节约的习惯。

（5）注意对孩子进行劳动教育，让孩子做些力所能及的家务劳动。农村的孩子一定要让他们参加力所能及的体力劳动，以养成他们的劳动习惯。城市的孩子也可以让他们帮助父母做一些家务，或者让他们到农家去帮忙，体会体力劳动的艰辛。

只有培养孩子俭朴的好习惯，才能让他长大后聚积财富，积累资本，为拥有更多的财富打下基础。让孩子尝尝"苦"头并不是让孩子去过"苦行僧"的生活，而是为孩子创造俭朴的家庭环境，让孩子继承中华民族俭朴的美德。许多"以俭养德"的事例告诉我们：要把孩子培养成有志向、有追求、有出息的人，勤俭节约、艰苦朴素的教育是不可或缺的，这是父母能够给孩子的永久财富。要想让孩子养成勤俭节约、艰苦朴素的好习惯，就要让他们多尝尝"苦"头。不经历风雨怎能见彩虹！没有吃过苦的孩子、在蜜罐里泡大的孩子根本不知道财富来之不易，也根本不知道珍惜自己拥有的幸福。

林肯家训：没有一种遗产能像诚实那样丰富了

林肯家族是来自英国的移民。林肯的祖父亚伯拉罕·林肯大约在1781年或1782年的时候从弗吉尼亚的罗金厄姆县移居到肯塔基州。林肯的父亲托马斯·林肯原是一名木匠，一边耕种农场，一边做着木匠的活儿。

1811年的时候，林肯的父亲又搬到诺布小溪，在那里圈了一个大农场。亚伯拉罕最初的记忆就是从诺布小溪河畔的这个家开始的。可以说，正是林肯童年、少年生活中的这些苦难，以及交织在苦难间的母爱，和那战胜苦难的唯一途径——对知识的追求，一步步将林肯引向对正义的追求，推向期望真正能为人民谋利益的政治之路，最后成为美国历史上伟大的总统之一。

罗伯特·托德·林肯是亚伯拉罕·林肯的长子。在林肯的影响下，1881年罗伯特被任命为加菲尔德内阁的军务部长，一直到下届总统切斯特·A·阿瑟任期结束。

亚伯拉罕·林肯是美国的第16任总统。他没有上过正规的学校，但在父母的教导下，他积累了成为领袖所必须具备的知识和诚实的品格。

马克思曾经说，林肯是一位"达到了伟大境界而仍然保持自己优良品质的罕有人物"。说他是美国历史上最伟大的总统，是毫不为过的。

"没有一种遗产能像诚实那样丰富了"，林肯的一生完全验证了林氏家族的这句家训。他从一个美国西部的拓荒少年成长为伟大的总统，其中一个最重要的因素就是诚实的品质。有人曾这样评价他说："如果只有一位总统一生都在恪守这一原则,那么这个人只能是美国第16任总统——亚伯拉罕·林肯。"

林肯的母亲南希是一位虔诚的基督教徒,她平时非常注重对孩子品质的培养,给孩子们读《圣经》上的故事。《圣经》是林肯读的第一本书,也是他唯一一本终身放在身边的书。每当他遇到挫折和痛苦时,就会向《圣经》寻求帮助和解脱。这并不是说林肯是一个有神论者,对林肯而言,与其说他被圣经故事所吸引,不如说他被那些正直、善良、诚实、忠诚的品质所吸引。

也正是基于这一点,林肯一生坚持诚实的品质。在他一生的成长过程中,都不乏诚实的故事。

林肯9岁那年,在小皮金河畔不远的一所学校上学。有位老师在教室门口挂了一对大鹿角后,就离开了教室。林肯想在同学面前表演一番,便抓住鹿角来回摇摆。结果鹿角断了,林肯也跌倒在地。老师回来后,就问是谁弄坏的,林肯很快承认是他做的:"先生,是我干的,但我不是故意的。我只是在上面吊一下,没想到它就断了。"老师表扬了他的诚实,但是认为做错事就应当受到惩罚,最后罚林肯写一篇关于马鹿习性的作文。

1858年,林肯首次竞选总统时,对选民的讲话也非常诚实。他没有钱,竞选时没有坐专车,而是像普通乘客一样乘火车,有时甚至没有座位,手提一件很小的行李。每到一个地方就坐上朋友们为他准备的本是耕田用的马拉车。而他的竞争对手道格拉斯却有专门的列车和众多的随从。有一次,林肯就站在马车上对众人发表演说:"有人写信问我有多少财产?我有一位妻子和一个儿子,都是无价之宝。此外,还租有一间办公室,室内有桌子一张,椅子三把,墙角还有大书架一个。架子上的书值得每个人一读。我本人又穷又瘦,脸蛋很长,不会发福。我实在没有什么可以依靠,唯一可以依靠的就是你们!"林肯的这些话给人们留下了深刻的印象,被人们广泛传为"诚实的林肯"。

诚实就是实事求是，用更通俗的话来说，诚实就是实在，不虚假。诚实是一个人的美德，有了"诚实"二字，一个人就会表露出坦荡从容的气度；对有诚信的人，人们往往会表现出对他的尊重和喜欢，从而使他在生活中得到更多的关爱。

诚实是做人之根本。林肯之所以成功，很重要的一个原因就是他具备了诚实这一做人的最基本的品质。同时，他的这一品质的形成是由于在童年时期受到父母的影响。由此可见，培养孩子的诚实品质，是父母必须重视的一项责任，同时也是一种义务。

孩子诚实与否，与后天环境的影响和他所受的教育是分不开的。因此，作为父母，首先应该创造一个和谐、宽松、愉快、民主的家庭氛围。因为只有家庭成员之间相互保持诚实真挚的态度，使孩子感到成人的爱护和关心，他才能够信赖别人，有了过失也才会敢于承认。具体来讲，培养孩子诚实的品质，可以从以下几个方面入手。

（1）以身作则，为孩子树立榜样

孩子大都喜欢模仿，他们时时刻刻都在观察模仿成年人的行为，因此为培养孩子诚实做人，做父母的就要为孩子做出好榜样。如果要求孩子不说假话，作为父母就不能哄骗孩子；如果要求孩子拾金不昧，作为父母就不能将捡到的物品据为己有。否则，孩子就难以形成诚实的品质。

（2）和孩子建立真诚并相互信任的关系

父母和孩子形成真诚并互相信任的关系，是培养孩子诚实品质的一个重要条件。可是，有的父母在孩子面前常常做不到言而有信。例如，当孩子哭闹时，妈妈常用许诺来哄孩子："别哭了，回头妈妈给你买个芭比娃娃。"尽管这样说了，可父母并没想到兑现，孩子却信以为真，满怀希望地等待着。如果一次次许诺都不过是一张空头支票，孩子的一次次希望都成了泡影，久而久之，孩子就会逐渐失去对父母的信任，并慢慢学会了说谎。父母对孩子必须言而有信，以诚相待。这样，孩子才会信任父母，以后有什么事、有什么想法也都愿意告诉父母。

"人之初,性本善。"年幼的孩子都是非常纯真的。父母可以利用满足孩子合理的要求和愿望,和孩子建立并保持真诚与互相信任的关系。如适时地给孩子添置玩具、图书及彩笔等,让孩子意识到,自己需要的东西,只要是合理的,家庭又是力所能及的,是会得到满足的。这样就可避免孩子因需要不能满足而把别人的东西据为己有但又不告诉父母和小朋友的情况。

(3)对孩子的不诚实行为要及时纠正

孩子的不诚实行为主要指说谎和私拿他人的东西,父母对孩子的这些行为要及时纠正。孩子说谎,父母往往非常生气:"小小年纪,怎么学会了说谎?!长大成人后岂不成了骗子!"父母为孩子的不诚实担心是有道理的,但仅此是不够的。父母应该找出孩子说谎的原因,并帮助他们改正。如果不及时改正,孩子长大成人之后,很可能会做出害人又害己的事来,那后果将不堪设想。

人在世间,诚信尤为重要。欺诈之徒,时间长了,人们认清了他的本来面目,就会鄙视他、蔑视他、远离他。一个人要讲信用。自古以来成大事者,大多是重诚信、有法度的大智大仁者。

里根家训：宽容、公正、慷慨、忠诚和自制的美德

里根生于1911年2月6日，在伊利诺伊州坦皮科的一栋公寓里。父亲是天主教的爱尔兰人约翰"杰克"里根，母亲是苏格兰—爱尔兰及英国后裔的妮尔·威尔森。他父亲一方的曾祖父Michael Reagan于1860年自爱尔兰移民至美国。在他移民之前，家族姓氏原本为Regan。他母亲一方的曾祖父John Wilson，则是在1840年代从苏格兰移民至美国的。

里根是美国历史上当选和就职时年龄最大的总统，也是最长寿的总统。他执政时期，美国经济迅速发展，是美国历史上持续时间最长的、没有经济衰退和经济萧条的和平时期。因此，他被看做是时代的巨人。

罗纳德·威尔逊·里根的父亲是个推销员，家境很困难。里根主要是靠奖学金和半工半读才完成大学学业的。大学毕业以后，里根先在爱荷华州做电台播音员。1937年进入好莱坞华纳兄弟电影公司当电影和电视演员。第二次世界大战期间应征入伍，在空军服役。退伍后重返好莱坞。在接下来的20年里，他共参加了53部电影的演出。后任电影演员工会主席、电影委员会主席。早年参加民主党。1962年改投共和党，并在政坛崭露头角。1966年至1974年连任两届加利福尼亚州州长。1980年当选总统，并获得连任。

很多父母自己没有成功，却能使后代享受成功的欢乐，里根的父母就是这样。他们给了里根一个再平凡不过的出身，却为他装备了绝不平凡的人生素质。从父母第一次把他推上舞台时起，里根就注定要成为真正的主

角，因为父母的激励，给了里根打开事业之门的钥匙。

在里根很小的时候，母亲就喜欢给他读报纸上那些具有良好品德的人的故事。每次母亲讲完故事，总是重复那句话："孩子，一个人只有具有了良好的品德，他才能成大事。"而里根就在听的过程中，学会了读书。这让他的母亲十分惊讶，由此可见里根小时候的天赋和灵感。尽管如此，良好的教育却谈不上。但是自小经过磨炼的里根，却深深记得这些经历。他没有走向悲观，也没有走向失望；相反，他用自己的观察和意志，树立和自我培养了许多优良的品格，尤其是乐观、温和、自信、勇敢的精神。

里根小的时候，最喜欢做的事情就是把时间用在画卡通画和看书上，他最喜爱的书有阿瑟王和骑士的故事传说等。里根还有一个爱好，就是看电影。他最喜欢的演员是汤姆·密克斯。里根常常要把有限的零花钱积攒下来，用于看汤姆的电影。他常常拿一把扫帚当做麦克风，编故事给大家听或者做新闻报道逗大家玩。

尽管父母亲不能够给予他良好的教育，但是父母亲对他和哥哥还是比较严格的。如果里根犯了错误，就会受到严厉的惩罚。

1920年，一个年仅11岁的美国男孩在踢足球时踢碎了邻居的玻璃，人家要索赔10美元。当时，10美元可以买100只下蛋的母鸡。闯祸的男孩向父亲认错后并要钱去赔偿。父亲说："犯了错能勇于承担后果是对的，钱我可先借给你，但一年后你一定要归还于我。"

父亲让孩子在假日去打工。半年后，孩子就还清了父亲的钱。

这个男孩就是后来成为美国总统的里根。里根后来说："是父亲让我懂得了什么是责任。"

里根也正是充分利用自己的优势，充分利用父母所慷慨赠予自己的不多的机会，一步步地走出困境，一步步迈向自己的理想和目标。里根的父母限于条件不能够做到更好，但是他们还是传授给了孩子们宽容、公正、慷慨、忠诚和自制的美德，这些优良品质在里根成为总统时受益匪浅，成为他在不利状况中克敌制胜的真正法宝。因此，这种"宽容、公正、慷慨、忠诚和自制的美德"也成为里根家族的教子家训。

里根有一子一女。他也总是教育他们要有良好的品德。在他的精心教育之下，他的儿子罗恩·里根成为了一位著名的商人、政治家、电视广播主持人、作家。女儿帕特里夏成为了一个很著名的演员、作家、模特。

现代著名教育家陶行知曾强调："道德是做人的根本。没有道德的人，学问本领越大，就能为非作恶越大。"因此，在家庭教育中，重视智力的发展无可厚非。但如果因此而忽视了对子女的思想品德教育，必将使孩子发展不和谐，甚至走向危险的境地。

智力的发展是品德发展的重要基础，但是，反过来，通过德育培养受教育者形成良好的品德，对其智力的发展便可提供强大而持久的思想动力，并把其智力发展和运用引向正确的方向。试想，如果孩子在成长过程中形成品德的社会定向是偏颇的，甚至是错误的，那么，他智力的发展和对知识的掌握便不再是良好品德发展的基础，而可能导向坏的方向，成为其畸形发展以至大肆犯罪的辅翼。

在人际交往中，一个人道德品质的好坏和修养的高低，是决定其与他人相处得好与坏的重要因素。道德品质高尚，个人修养好，就容易赢得他人的信任与友谊；反之，就难以处理好与他人的关系，交不到真心朋友。我们身边就不乏这样的人：有的人一事当前往往从一己私利出发，见到好处就争抢，遇到问题就相互推诿，甚至给别人拆台；还有的人看自己一枝花，看别人豆腐渣，处处自我感觉良好，盛气凌人。这些人生活中之所以难有朋友，归根到底，就是在自身道德品质和个人修养方面出了问题。

也许有人觉得，有些人道德品质不好，个人修养难以恭维，身边不是同样也有许多朋友吗？其实这种所谓"朋友"并非真朋友，而是"伪朋友"。别人与他交往不是冲着他的人品人格去的，而是奔着他的权势而去，是为了相互利用以达到个人的某种目的，充其量只是"势利之交"。

一旦他丧失了权力地位，没有了利用价值后，那些所谓的"朋友"也就会弃他而去。所以说，要想收获真正的友谊，拥有真正的朋友，最终要靠良好的个人思想道德修养，只有用高尚的道德修养赢得的友谊和感情才是真诚的，才会历久弥坚。

由此可见，一个生活在社会中的人，需要发展多方面的品质和才能，但是他首先要学会为人处世，学会处理各种人际关系，学会做人。总而言之，即培养良好的品德。诚如法国学者狄德罗在论述文艺问题时说过的一句话："不要以为，学习为人之道而付出的劳动和光阴对于一个作家来说是白费的，从你将在你的性格、作风中建立起来的高度的道德品质里，散发出一种伟大、正直的光彩，它会笼罩着你的一切。"

孩子与父母、祖辈及同辈伙伴发生着最初的社会关系和道德关系，家庭生活的行为规范也是他最初接触到的社会规范，并以此为基础逐渐形成自己的一套行为方式习惯和道德信念体系，借以调节自己与他人的关系。家庭群体在孩子随后接受其他教育影响时发生着强有力的选择性作用。孩子在学校、社会环境中接受其他德育信息时，无不经由他们的家庭而不断得到补充、调整和扬弃。如果孩子从小就在家庭里受到良好的教育，以后学校教育就能顺利地进行；反之，会使孩子在学校期间的教育遇到困难，学校就需要花很大力气去矫正他的错误和缺点。因此，家庭德育在培养人的品德方面，起着不可替代的奠基作用。这个基础如果打得不好，将直接关系着孩子成为什么样的人。

一般地说，父母在孩子入学以前都还比较重视对他的教育，特别是德育。但是，孩子进入学校以后，不少父母就如释重负似地把德育的责任全部转到学校教育的头上。这种做法是不正确的。诚然，学校的德育教育在受教育者的品德发展中起着主导地位、指导作用，但它需要家庭和社会的密切配合，才能保证德育教育的效果。因为，与学校、社会相比，家庭有着它们不可企及的德育功能。

罗斯福家训：在痛苦中经受磨炼

罗斯福家族在美国有超过300年的历史。当然，众所周知的有来自该家族的2位美国总统，包括第26届总统西奥多·罗斯福和第32届总统富兰克林·罗斯福，富兰克林·罗斯福的儿子吉米·罗斯福曾为二战时期的总司令，以及现任美国国会中国委员会的总法务长苏珊·罗斯福也是罗斯福家族的成员。

除了在政治上获得成功以外，罗斯福家族在商业领域同样声名显赫。在纽约建立之初，从美国的曼哈顿第22大街到第46大街，从第5大道到哈德逊河的地产大部分都是罗斯福家族的物业。在美国众多大都市均见以罗斯福家族命名的道路、高速公路和大厦，其中还包括在美国海军有名的罗斯福号航空母舰。自从19世纪开始，罗斯福家族在金融和投资方面逐渐发展并获得了重大的成就。罗斯福家族除了管理自己家族的资产以外，同时也管理来自他人委托的资金。成立已经超过100年的罗斯福信托有着受人尊敬的声誉和丰富的经验，在世界各地都有大量的投资。罗斯福中国投资基金是由罗斯福信托成立的，致力于投资中国的国际投资公司。

富兰克林·德拉诺·罗斯福的父亲詹姆斯·罗斯福是个富翁，为他提供了优越的成长环境，但仅仅这些，还不足以使他成为一代伟人。父母的言传身教，才让他具备了创造成功奇迹的素质。罗斯福毕业于哈佛大学和哥伦比亚大学。1910年任纽约州参议员。1913年任海军部副部长。1928年任纽约州州长。1932年竞选总统获胜。

罗斯福一直被视为美国历史上伟大的总统之一，是20世纪美国最孚众望和最受爱戴的总统，也是美国历史上唯一连任4届的总统。

罗斯福是个兼具"狐狸"与"狮子"两种特点的人物，这让他成为政治家，更使他成为美国历史上最成功的总统。母亲的爱和父亲的教导，培养了他坚忍、机智、幽默、洒脱、奋斗不息的品格，把他引向成功的顶峰。

由于家庭的富裕，加上晚年得子，幼小的罗斯福自然成为父母关注的中心。然而，罗斯福的父母并不因此娇惯和放纵他，而是对他施行严格的管束和艰苦的训练，以培养他勇敢、刚毅、独立而执著的个性。

父母时常对罗斯福说："人必须在痛苦中经受磨炼，才能成就一番事业。"在父母的精心教导下，罗斯福最终成为一位受人尊敬的总统。

1908年夏天，罗斯福进行了一次惊心动魄的远航。罗斯福驾驶的是"半月号"——一艘五十英尺的帆船游艇。航行途中，一切可能发生的事情几乎都发生了。特别是在临近结束时，他们遇上了特大风暴。在船就要触礁的一刹那，罗斯福卸下了船帆，小游艇卷起前桅帆和三角帆，在强劲的东北风里，跟从北极海奔腾而来的排空浊浪搏斗了12个小时。在整个过程中，罗斯福一直撑着舵，以超人的力量和精湛的技术驾驶船只穿过风暴。这次所需要的毅力远远超过了罗斯福可能承受的限度。可是游艇危在旦夕，除了他，谁也撑不了那个船舵。罗斯福跑到船首，一手抓住前桅，任凭船身猛烈颠簸，稳稳地兀立在那里。

也正是罗斯福自小养成的这种对航海的迷恋和临危不惧，使他在几年之后，也就是1913年成为海军助理部长，并且这一干就是7年半。

罗斯福14岁的时候，父母虽然感情难舍，但还是送他进入格罗顿公学学习。这个学校著名的是纪律严谨，遵守基督教教义，提倡斯巴达式的生活。在罗斯福进入格罗顿公学之后，由于他是新生，又比较文弱，其体力不能支持当时学校兴盛的橄榄球、篮球和划船活动，他所擅长的网球、高尔夫球、骑马及帆船驾驶在这里又不流行，所以，他当然也就不能凭借在这些活动中的特别表现来获取同学们的认可了。

但罗斯福并不因此而气馁，不但自动组织了橄榄球拉拉队，而且还自愿当吃力不讨好的篮球管理员。通过这些活动，他与学校里很多著名球员的关系密切起来，也因此改变了他备受冷落的困境。第二年，他拥有了一艘自己的帆船——"新月号"，并以娴熟的驾驶技术征服了格罗顿公学的同学。

虽然他在体育上不能出人头地，但他擅长辩论，他的雄辩也让其他同学对他刮目相看。

因此，幼时严格的教育对罗斯福一生的生活的影响非常深远，不但培育了他面对困难的勇气，而且还为他训练了严格的工作节奏，同时还给予了他适应逆境、包容强者的健康心灵。

富兰克林·德拉诺·罗斯福共有六个孩子，其中五个是儿子，只有一个女儿。罗斯福当上总统以后，家里各方面的环境都比较优越，但他并没有纵容自己的孩子，而是让他们接受各种磨炼。他的孩子们也都很有出息，大多都经商或搞政治。

严格的教育对生长在优裕环境中的孩子尤为重要。人生要经过许多磨难，特别是要成就大事业。如果只会享福，不能受苦，这样的人将不能立足于社会，不能为社会献身，更别提为他人造福了。因为这样的人只能满足于自己的成功和幸福，心理永远不会成熟。

一个人要想经受住苦难的磨炼，必须有坚强的意志。古人言："天将降大任于斯人也，必先苦其心智，劳其筋骨，饿其体肤，空乏其身，行拂乱其所为，所以动心忍性，增益其所不能。"想要取得成功，一定要先有受苦的心理准备。

那么，父母怎样磨炼孩子的意志呢？

（1）父母必须让孩子认识到，古往今来凡是对人类有贡献的人，凡是做出了突出成就的人都是有毅力的人。没有顽强的意志，而做出巨大贡献的人是极少极少的，所有大科学家、思想家、艺术家、文学家之所以取得非凡的成就，都是在顽强意志的支配下，拼搏奋斗的结果。就像司马迁，之所以能完成《史记》这部巨著，就是因为他有坚强的意志力。

（2）父母要让孩子认识到，意志可以弥补智力乃至身体上的缺陷。达尔文、爱迪生、爱因斯坦，这些人小的时候都曾被认为是智力不好的孩子，但他们有远远超过其他孩子的意志力，做事持之以恒，钻研某一问题通宵达旦，进入学习状态时，不管多苦都不觉得苦。美国盲聋女作家海伦·凯勒，自幼双目失明，两耳失聪，面对着的是黑暗而又寂静的世界，但她凭着顽强的毅力学习、奋斗，学会了写作，成为美国历史上最受人尊敬的作家之一。看一看残疾人运动会上那些顽强拼搏的人，我们不能不惊叹意志力的神奇与伟大。

（3）磨炼意志，最重要的是引导孩子吃必要的苦。所谓必要的苦，是吃苦之后有利于孩子增长知识，开阔视野，增强体力。比如，背英语单词，做数理化基础训练题比较苦，但这是必要的。做怪异的题，一个生字被罚写50遍，也苦，这就是不必要的苦。一个人没有吃足够的苦，他的人格中就可能缺少必要的磨炼而显得软弱。俄国作家屠格涅夫说："你想成为幸福的人吗？那你首先要学会吃苦。"

（4）训练顽强的意志要树立远大的志向。孩子如果总是和那些不学无术的人比，觉得那些游手好闲，吃喝玩乐，把父母的权势财产当做靠山活着的人，不仅不可耻，而且还挺值得效法，那就谈不上磨炼意志。要磨炼意志，必须让孩子树立做人的志向，做一个不仅自食其力，还能为父母、为别人做出贡献的人。志向远大的人才会藐视眼前的苦难。30年前，一位美国少年立下150多项志向，包括跨越大沙漠、征服8000米以上高峰、漂流亚马孙河、登中国长城、登月球等许多在常人看来能完成其中一二项已属不易的志向。30年来，他竟完成了一大半。如果没有少年时候的立志，那是不可想象的。

（5）制订学习、锻炼、生活的计划。意志薄弱的人一般缺少计划性，每天得过且过，遇到什么事做什么事，有时遇到了也不做，想法绕过去。意志坚强的人都习惯于给自己制订计划，并持之以恒地完成计划，如每年做哪些事、每个月的具体目标、每一天的作息时间表，等等。

（6）坚持体育锻炼。体育锻炼在很大程度上又是意志品质的锻炼。据说，马拉松赛跑，前半段路程靠体力，后半段路程主要靠毅力。比较简单易行，且明显有助于磨炼意志的办法便是长跑。还有一种更简单易行的锻炼方法，在家里就可以进行，即在床上做仰卧起坐、俯卧撑。坚持的时间长了，也会磨炼出顽强的意志。

现在磨炼孩子的意志还来得及，即使不是为了孩子升学，而是仅仅为了使他在将来谋职业、过生活时要干得出色，也是非有顽强的意志不可的。

布什家训：儿子不靠老子，要靠自己

在美国人眼里，能被称为王朝的，只有肯尼迪家族和布什家族。这两个家族相比之下，肯尼迪家族男性成员命运多舛、人丁衰落，布什家族显然强势得多。自上世纪50年代至今不过五十余年的时间里，布什家族"占领"了国会议员、中央情报局局长、副总统、总统、州长等高层职位。这还不算布什的曾祖父塞缪尔·布什曾当过总统顾问。

布什王朝的发端应追溯到布什的曾祖父塞缪尔·布什。塞缪尔以敏锐的眼光发现了石油业的光明前景，并迅速与洛克菲勒家族旗下的公司建立了合作关系，从此发展起来。一战结束后，塞缪尔与华尔街金融大亨沃克结成莫逆之交。1921年8月，塞缪尔的儿子普雷斯科特与沃克的女儿多萝西结婚，成为布什家族史上的里程碑。沃克全名乔治·赫伯特·沃克，两代总统中，老布什全名乔治·赫伯特·沃克·布什，布什全名乔治·沃克·布什，单从这一细节，就可看出沃克对布什家族的影响。

普雷斯科特聪慧过人，二战爆发后，普雷斯科特设法介入军工业，布什家族的财富迅速扩张。金钱滋养了普雷斯科特的政治雄心，也让他有可能与艾森豪威尔总统建立了私交，他开始竞选联邦参议员。几经挫折后，他终于在1950年梦想成真。

就在普雷斯科特积极进取的同时，他的儿子即后来的老布什迅速成长。老布什继承了父亲的头脑和智慧，读书、当兵、经商，都表现不凡，他同时继承了父亲的眼光和远见。1966年，老布什当选国会议员，之后当过中央情报局局长，最后入驻白宫。

布什2000年当选，他和父亲老布什就成为继亚当斯父子近200年后唯一一对当选美国总统的"父子档"，能够连任，更是史无前例。

布什的家庭富裕而有权势，但布什家族教育的传统是给孩子灌输独立的精神。其家训就是：儿子不靠老子，要靠自己。实际上，布什家族三代都遵守了这个家训。

老布什在回忆录中这样说道："我父亲普雷斯科特·布什是一位成功的商人，一位布朗兄弟和哈里曼股份公司的投资银行企业合伙人。他能挣钱，所以我们一家过得舒适，但并不奢华。在挣钱、存钱、花钱的问题上，父亲是信奉老本杰明·富兰克林习字簿上写的至理名言的。在其他方面，我父亲和母亲也是不折不扣地体现了清教徒的道德准则。他们的孩子——我的哥哥普雷斯、弟弟约翰和布巴克、妹妹南希，以及我都已长大，懂得生活不是一个可以无限支取的银行户头。我们需要什么，应该先去挣钱。我们从小就懂得如果一有病痛或发生什么严重情况，那么一家人会互相帮助。但是一旦离开了家庭，我们在事业上或以后的生活上发生了什么，那就都得靠我们自己去解决了。"

而最能体现布什家族家训的是他不在父亲一手开创的基业上谋生，而是独自闯出了一片属于自己的领地。而这种传统在老布什那里也有所体现，老布什的父亲是哥伦布巴凯钢铁铸造厂的董事长，但老布什当年对到那儿去工作丝毫不感兴趣。

高大、严厉、高贵而专制的老布什对他的孩子，特别是儿子来讲是一个"可怕的挑战"。这是一位有帝王气派的，希望儿子们在晚餐时穿正式短上衣打着领带的人。特别是在布什大学毕业后，决定选择职业时，这种独立意识显得特别突出。他本来能利用普雷斯科特的姓氏和他家族的关系，直接进入华尔街顶层，但他却选择开辟新的领域，前往投机石油业者、半熟练工和油井修建工充斥的西得克萨斯油田，从而成为了一个远离父亲影响的自立的人。正如布什在1983年的一次访谈中自己详细讲的："如果我是位精神分析家，我也许会断定我不想与我父亲竞争，但我想做我自己的事。"

母亲家族特有的创业者的癖好曾经引导布什制订了一个新的计划，他要靠自己去完成。他从舅舅赫伯特的投资公司得到了经济援助，带着妻子芭芭拉朝得克萨斯进发，他要在那里拓展石油企业。

其实，在投身石油业之前，布什也是举棋不定的。有一次，他和妻子读完路易斯·布罗姆菲尔德的著作《农庄》以后，曾认真地考虑过要去务农。那种自给自足的理想，以及田园生活场景，金色的麦田延伸在中西部蔚蓝色的天空之下，有一个家庭在那农庄里生根发展，这些都深深地吸引着他们。然而，当他们开始更深一步地调查农庄的经济生活时。才发现，不仅是要知道做些什么才能成功地经营一个农庄，而且还要弄清楚对于土地、牲畜和农庄设备的第一批投资需要多少。算下来超出了他们的负担能力。他们没有那么多钱，也不知道上哪儿去筹集这笔钱，因为他们从未考虑去家中要钱。他们要开创自己的道路，缔造自己的未来。

所谓独立，就是一个个体区别于其他的个体而存在，他有自己的思想、观点、看法、为人方式和处世准则。每个人都渴望独立，从古至今无数人为了独立、为了自由艰苦奋斗，因为独立意味着一个真实的个体的存在，这种存在完全是由自我决定的，是不附属于任何人的。不能独立自主的人是可悲的，是丧失自我的悲剧性人物，这样的人很难在社会上立足，更不要说取得成功了。

随着改革的发展，竞争已逐渐深入到我们生活的各个方面。有些孩子争吃、争穿、称霸，这不是我们提倡的竞争，应该引导他们树立正确的、真正的竞争意识。培养孩子的竞争意识是要培养他们奋发向上、开拓进取的精神，从而提高整个中华民族的素质。为了孩子，为了祖国的明天，作为父母应该注意这个问题。

（1）要培养孩子的独立意识及能力

独立生活能力是竞争的基础，没有独立性就不可能有竞争意识。而现在的孩子最大的弱点就在于依赖性太强，独立性差。父母必须树立孩子"我自己来"的思想，必须培养孩子能够"我自己来"的能力。

（2）培养孩子的劳动意识

劳动是培养一个人独立性和竞争意识的最好途径。应该让孩子懂得，只有劳动，才有收获；只有努力，才能成功。通过适量的劳动，再加上及时的教育，使孩子在童年时就形成一种劳动意识。这是孩子敢于竞争的根本。

（3）为孩子创造竞争环境

父母可以把周围的孩子组织起来，让孩子在伙伴中学习、游戏。这样既培养了他适应集体生活的能力，也使他逐渐树立起竞争的意识。

（4）树立孩子必胜的信心

创造性人才的一大特点是自信，培养孩子的竞争意识关键也在于培养其必胜的信心。在平时劳动、游戏中，让孩子充分享受成功的快乐。对于孩子的弱点，父母不应指责，更不能嘲笑，千万不能让孩子自己完全失望；否则，孩子很容易产生自卑或与家长作对的情绪。

有一句话说得好："再富也要穷孩子。"与其给孩子一大笔供他们安逸地生活，不如培养他们独立自强的品格。世界首富比尔·盖茨，以及西方国家的一些超级富豪都表示，只给自己的孩子留下少量财富，而把大部分捐献给社会。他们的做法，的确值得我们学习。

基辛格家训：保有一颗平常心

亨利·基辛格出生于德国的菲尔特市，是犹太人后裔，1943年加入美国籍。1954年获哈佛大学哲学博士学位，1969年步入政界，1973年至1977年任美国国务卿，1973年获得诺贝尔和平奖，1977年被授予美国总统自由勋章。1982年开办基辛格"国际咨询"公司并担任董事长，此后曾担任美国广播公司新闻分析员、美国中美洲问题两党全国委员会主席、美印委员会主席等职。

1938年，基辛格全家为了逃离纳粹的反犹政策，千辛万苦由德国逃到美国。基辛格的父亲当年是学校的教师，有一天没有理由便被革职，基辛格的母亲在1938年申请到前往美国的签证。基辛格在同年底来到美国，扬弃过去，想在美国主流社会力争上游。他在1943年入伍，被派往诺曼底。几年后回到美国，他进了哈佛大学，而他弟弟进了普林斯顿大学。基辛格的弟弟华特是一位亿万富豪实业家。

亨利·基辛格7岁那年，希特勒开始实行蓄谋已久的灭绝犹太人的计划，当时希特勒的青年暴徒在菲尔特横行霸道，无恶不作。亨利·基辛格和他的犹太同学常常遭到毒打。不久亨利·基辛格被赶出了学校，转到一所专收犹太人的学校，父亲也被学校无故辞退了。

基辛格的母亲葆拉一直掌管着家中的大事，她劝说丈夫带着全家尽快离开德国。出于对孩子们的教育和全家生存的考虑，1938年，亨利·基辛格全家去了伦敦。后来，葆拉在伦敦的姑母又帮助他们去了纽约。

在美国，亨利·基辛格一家要变成美国人那样，也并不是一件容易的事，语言、工作、学校，一切都是陌生的，并且很不好办。亨利·基辛格的父亲发现自己原来在德国的学历到纽约后并不怎么吃香，只好当了一名办事员，这使他灰心丧气。

然而，母亲葆拉却能保持一颗平常心。尽管遭受如此大的打击和不幸，她仍能以前一样保持着积极的心态。她总是对亨利·基辛格说："孩子，这些不幸不算什么，我们不能因此而失去生活的信念。当然我们也不能祈求上帝给我们莫大的幸福，我们只要保有一颗平常心就够了。"

"保有平常心"这一家训，对亨利·基辛格的影响很大，以至于他在面对大多数失败和成功时，都能保持从容。

基辛格有两个孩子，在他们还小的时候，基辛格就教育他们要有平常心。在他的教育下，两个孩子都成为了著名的商人。

"平常心"这个词，我们知道很久了。可是，真正又有几个人懂得平常心的真正含义呢？又有多少人能够真正做到宠辱不惊呢？我们常常把心思放在别人的评价上，放在别人的言行上，又如何能言行自在、悲喜从容呢？

所谓平常之心，就是不能只要成功，而拒绝失败，害怕失败。平常之心就是要把成功、失败看得平平常常。简单地讲，就是要正确对待成功与失败。成功了，不要骄傲，不要狂妄自大；失败了，也应该平静地接受。

失败也是生活的必需内容，没有失败的生活是不可能的。有失败，才说明生活是有奋斗目标的，人生才是有意义的。接受失败应该成为人们生活中一项必不可少的内容。如果不接受生活中的失败，那么，就歪曲了生活的本来面目，个人将会受到生活的"惩罚"。世上没有常胜将军，每个人都得平静地接受生活所给予的各种困难、挫折和失败。

任何人的一生都会有不遇的时期。无论从事什么工作，都有可能和预期结果相反。长此以往，任何人都不免产生悲观情绪。然而，人生并不仅仅只有这种不遇的时候。当云散日出，前途自然光明无量。所以，凡事必须耐心地等待时机的来临，不必惊慌失措。相反，在境遇顺利的时候，无论做什么事都会成功；可是总有一天，不遇的时刻会悄然来临，因此，即使在春风得意之时也不要得意忘形，应该谨慎小心地活着。我们应采取顺境不骄矜；逆境不颓唐的生活态度。

守住平常心，应该承认有些东西得不到，要学会放下。放下求之而不得的东西，才会轻松快乐起来。那就拿起平平凡凡的事吧！脚踏实地认认真真地做下去。其实，往往平凡的表面蕴藏着深层次的规律和道理，你会越干越高兴，越干越快乐。

父母是孩子最大的影响者，教育孩子保持一颗平常心，给孩子一个轻松的环境，是非常必要的。一颗平常之心，并不是不要进取之心、成功之心，而是以平常之心，去进取、去成功，去得到更充分的发展。

守住平常心，还表现在对名誉和困难的态度。学会放下美丽的光环，才能轻松前行。学会迎难而上，才能踏平坎坷上大道。顺境和逆境都是人生的财富，只有懂得珍惜和品尝的人，才会读懂"平常"二字的"不平常"真谛。

柯立芝家训：凡事都要靠自己

卡尔文·柯立芝是美国第30任总统。他生于佛蒙特州，原名约翰。父亲是店主，担任过州议会议员。柯立芝一生深受父母的影响，从父亲那里承继了节俭、沉默的家风，从母亲那里继承了脆弱的性格。从阿默斯特学院毕业后，柯立芝从事律师职业。1899年任北安普顿市议员，开始步入政界。1915年当选马萨诸塞州副州长。1918年当选为州长。1920年柯立芝被提名为共和党副总统候选人，成为哈定的竞选搭档，竞选成功。1923年，哈定去世后继任总统。

如果说柯立芝是美国历史上最善于睡觉的总统，恐怕没有人怀疑。也许有人认为他不够杰出，但他懂得无为而治的道理，表面的平庸，也显示着他的治国智慧。这一切，都和他那沉默寡言的父亲有关，因为是他养成了柯立芝这种凡事都要靠自己的性格，而"凡事都要靠自己"也成为柯立芝家族的家训。

柯立芝的母亲维多利亚·约瑟芬·摩尔是一个十分脆弱的妇女，并且也是一个多愁善感的女人。她对柯立芝的关心永远都是无限的，对柯立芝的照顾也是无微不至的，这些都在柯立芝幼小的心灵里留下了难以磨灭的印象。由此，母亲的性格也就在很大程度上影响了他，使得他继承了母亲的脆弱性格的一面。但是不幸的是，柯立芝的母亲过早地去世了，那时柯立芝才12岁，这样的家庭不幸也促使柯立芝更加依靠自己，形成了凡事都要靠自己的性格。

柯立芝在3岁的时候被父亲带到了蒙彼利埃,看父亲参加该州的州议会会议。在童年柯立芝有着不同的梦想,起初想象父亲一样做一个店主。他是一个十分能干、勤劳和能够吃苦的人,做事情也十分认真可靠。他干活十分卖劲,帮助家里干诸如耕地、栽种、推木头、劈柴、采摘水果等杂活。他最喜欢的工作是制糖。他也曾经到市民大会上出售苹果和炒玉米花球,挣得余钱。这些劳作,从来都是柯立芝自愿勤奋付出的,父母从来没强迫。在这样劳作的家庭,他养成了另外一些性格,那就是谨慎、小心、万事独立凭靠自己。他独立性很强,从来不去主动要求别人帮助自己,而是十分相信自己能够完成自己的任务和工作。显然,柯立芝受到了父母的影响,在生活中也培养了一些可贵的品质。

纵观柯立芝的性格和小时候接受的家庭教育,他在独立做事的过程中,养成了许多影响他一生的珍贵品格,同时也深受父母的影响。

约翰·柯生芝是卡尔文·柯立芝的长子,他是个循规蹈矩的年轻人。虽然父亲入驻白宫,他在1924年6月从莫塞伯格军事学校毕业后还是进了阿姆赫斯特学院学习,因为柯立芝也总是教育自己的儿子不要依赖别人,凡事都要靠自己。在大学里,约翰一直被叫做"屠夫",他喜欢拳击,还热衷于参加学院剧社和合唱队。但卡尔文看重的是学业优异,即使在就任总统时,也没让儿子多请一天假。他对儿子的行为举止要求极为严格,当约翰获准参观白宫时,提醒他道:"你是要和美国的总统进餐,应该准时并且衣着得体。"

约翰在学校里表现平平,但他的生活并不平静,秘密警察经常关注着他,但他还是在同学中有一定的人缘。1928年,约翰毕业时虽无优异的成绩,却获得了多次荣誉。当时,他并不清楚自己将来要做什么。在选择是进哈佛还是从商时,他选择了后者,并因此成了一位著名的商人。

一个人应当在力所能及的条件下去帮助别人,得到帮助的人也应当积极去克服自己的困难,无论目前的情况有多糟,都不要被困难吓倒,一定有战胜困难的决心和信心。有些时候，真正能够拯救你的只要你自己，别人的帮助都是外因。阿基米德说："给我一个支点，我就能够撬动地球。"如果没有主观上改变现状的愿望和行动，别人给你再多的支点，可能也无法撬动一块石头。一个健全的人，不能把外力当内力用，不能把别人的接济列入经常性预算，不能把拐棍当腿用，不能用尊严去换钱用。过分依赖别人帮助的人会在心里形成一种惰性，把一切希望都寄托在别人身上自己就没有希望了。如果一个人缺乏走出困境的主观能动性时，别人所做的一切都是徒劳的。如果错过时间和机遇，如果不想改变自己的处境，就算是神仙也帮不了你。

某人在屋檐下躲雨，看见观音正撑伞走过。这人说："观音菩萨，普度一下众生吧，带我一段如何？"

观音说："我在雨里，你在檐下，而檐下无雨，你不需要我渡。"这人立刻跳出檐下，站在雨中："现在我也在雨中了，该渡我了吧？"观音说："你在雨中，我也在雨中，我不被淋，因为有伞；你被雨淋，因为无伞。所以不是我渡自己，而是伞渡我。你要想渡，不必找我，请自找伞去！"说完便走了。

第二天，这人遇到了难事，便去寺庙里求观音。走进庙里，才发现观音像前也有一个人在拜，那个人长得和观音一模一样，丝毫不差。

这人问："你是观音吗？"

那人答道："我正是观音。"

这人又问："那你为何还拜自己？"

观音笑道："我也遇到了难事，但我知道，求人不如求己。"

永远不要幻想天上能够掉馅饼，自己的路自己走，自己的事情自己办，自己的困难自己克服，自己的梦自己圆。要想获得真理和智慧，必须依靠自己认真、潜心地感悟，用自己整个的身心去体会、体验方能获得，别期待有神仙点化。中国有几句顺口溜说的也是这个意思："天上下雨地上滑，自己跌倒自己爬。亲戚朋友拉一把，酒换酒来茶换茶。"在这个世界上最重要的就是自己，要想解放全人类首先要解放的是自己。极端一点讲：除了自己你谁都不要依靠，其他所有人都是靠不住的。如果非要找出可以依靠的人的话，那就是父母，他们还可能无怨无悔，不离不弃地为你付出。但靠父母只能是暂时的，有条件的，因为父母终究要老去。千万不要把自己的一切希望都寄托在别人身上，或者寄托在某一件事上；否则你得到的只会是失望，甚至是绝望。事情往往就是这样：在自己最困难的时候，自己认为最可能帮助你的人可能不会伸出援手；当你把一切都寄托在某一件事上，期望这件事的成功会改变你的一切的时候，这件事往往会以失败而告终。

有这样一个寓言故事，发人深省。

小蜗牛问妈妈：为什么我们从生下来，就要背负这个又硬又重的壳呢？

妈妈：因为我们的身体没有骨骼的支撑，只能爬，又爬不快，所以要这个壳的保护！

小蜗牛：毛虫姐姐没有骨头，也爬不快，为什么她却不用背这个又硬又重的壳呢？

妈妈：因为毛虫姐姐能变成蝴蝶，天空会保护她啊。

小蜗牛：可是蚯蚓弟弟也没骨头爬不快，也不会变成蝴蝶，他为什么不背这个又硬又重的壳呢？

妈妈：因为蚯蚓弟弟会钻土，大地会保护他啊。

小蜗牛哭了起来：我们好可怜，天空不保护，大地也不保护。

蜗牛妈妈安慰他：所以我们有壳啊！我们不靠天，也不靠地，我们靠自己。

是啊，每个人的命运都掌握在自己的手中。世界上从来就没有什么救世主，凡事都要靠自己。

有句话说得好："靠山山要倒，靠人人要跑，靠自己最牢靠。"不要抱怨命运，要想成功，我们不靠天不靠地，我们靠自己。

洛克菲勒家训：不要轻易相信任何人

在商业界，提起美国洛克菲勒家族的财富盛名，用"家喻户晓，妇孺皆知"来形容绝不为过。这个迄今已繁盛了六代的"世界财富标记"与美国乃至国际的政治经济都有着千丝万缕的联系。

创始人约翰·D·洛克菲勒最初在俄亥俄州克利夫兰的一家干货店干活。后来，他创建了标准石油公司，实际上就是美国石油业的开端。

1910年，当约翰·D·洛克菲勒发现自己名下的财富已经达到近10亿美元的时候，他开始考虑如何运用这笔财富。于是，他就把自己收入中的绝大部分投资于煤矿、铁路、保险公司、银行和各种类型的生产企业，其中最出名的是投资铁矿生意。

中国有句老话，说"富不过三代"，但是洛克菲勒家族发展到现在已经到第六代了，却依然是如日中天、独"富"天下。

在今天的美国，要完全躲避这个家族的影响几乎是不可能的。我们可以毫不夸张地说，洛克菲勒家族在过去150年的发展史就是整个美国历史的一个精确的缩影，他已经成为美国国家精神的杰出代表，并影响着世界各地的人们。

是什么原因使得洛克菲勒家族在世界上有着如此大的影响呢？这主要得益于他们的家族教子有方。他们教育后代：不要轻易相信任何人，并把这作为一条家训衍传下来。

众所周知，洛克菲勒是一位伟大的实业家，慈善家，同时，他也是一个商战精英。他是一位颇有争议的人物，是第一位依靠白手起家的"实干家"。洛克菲勒是凭借着什么使自己的家族长盛不衰的呢？他又是如何教育他的下一代的呢？

一天，约翰·洛克菲勒让自己7岁的孙子站在一米多高的桌子上，自己则站在离桌子稍远一点的地方，伸出双手，面带笑容地对孙子说："跳下来吧，爷爷会接住你的。"孙子看着笑容可掬的爷爷，便毫不犹豫地跳了下来。可是这位爷爷并没有接住孙子，而是一闪身躲开了。小洛克菲勒重重地摔在地上，哇哇大哭起来。老洛克菲勒抱起孙子，对他说："记住，以后不要轻易相信任何人。即使是你的爷爷，你也不要轻易相信。"

过了一段时间以后，洛克菲勒又让自己的孙子站在桌子上，再次对他说："宝贝，跳下来，爷爷会接住你的。"小洛克菲勒仍然记得上次的教训，所以不敢跳。但是爷爷的笑容是那么和蔼、那么慈祥，多值得相信啊。孙子犹豫了很长时间，最后还是跳了下去。这一次，爷爷没有食言，接住了孙子。然后他对孙子说："记住，这世界上毕竟还是有一些人可以相信的，更何况是你爷爷呢？"

洛克菲勒就是这样教育他的后世子孙的，而这也逐渐演变成为洛克菲勒家族的家训：不要轻易相信任何人。

每个人生活在这个世界上，都离不开与各种各样的人打交道。可知人知面不知心，尤其是对于那些交往不深的人，我们就更难摸清对方的心思、了解对方的想法了。

俗话说：百人百性。有些人表面看上去亲切和蔼，实际上却内心狡诈，仅仅披着一副友善的外衣；有些人披着诚惶诚恐的面纱，却不过是想利用你的善良和轻信来骗取你的钱财；有些人当面对你毕恭毕敬，却不料一背转身便开始说你的坏话……还有一些人，虽然他们并不是有意要伤害你，但是却喜欢传播小道消息，捕风捉影，最终结果还是会使你蒙受损失。

在生活中，我们一旦遇到这样的人，难道不需要处处留心、时时提高警惕吗？任何人都不可能生活在真空里，我们每天都会接触到很多方面的事情，比如购物消费、休闲度假、朋友交往，等等。就是在这些地方，往往也隐藏着一些看不见的陷阱。一些人为了达到某种不可告人的目的，经常会编织出令人心动的谎言，诱人上当受骗。

特别是最能体现时代色彩的网络和手机，更是常常成为一些人行骗的工具。网络在给人们展现高科技的同时，也展开了一张张空中交织的网。在这张网中，他们编织着种种陷阱和骗局，让你不知不觉中困在"网"中。因此，我们每个人，特别是孩子，在生活中一定要学会保护自己，适当地设防。在纷繁复杂的人际关系中，穿上"防弹衣"，学会躲过各种明枪暗箭，使自己立于不败之地。

需要特别指出的是，虽然社会上存在着各种我们不能轻信的人，但并不是要大家对每个人都产生怀疑或者拒之千里，而是希望大家都能远离那些心怀不轨、品行不端的人，多和那些正直善良的人交往。做人要不要相信人？答案是肯定的。如果我们对任何人都不信任，这个社会恐怕会无法存在。反之，如果我们不加思考地相信所有人，不要说无法立足，甚至会被人骗得找不着自己。不要轻易相信人，只有亲身经历过痛苦和伤害的人才会有所体会。

最后，有一句话大家一定要谨记：遇事多动脑筋，同时把握好一条原则，那就是不要轻易相信他人。

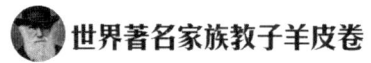

雨果家训：按自己的兴趣去做

维克多·雨果是诗人、作家，这是人所共知的事实。但在世界上乃至在法国，雨果是艺术家却鲜为人知。雨果从未学习过绘画，却留下了300多件绘画作品，这完全取决于雨果的绘画天赋。雨果的后代继承其艺术天赋，在以后不同的时期均不同程度地为艺术创作做出过贡献。雨果的后代走上艺术创作的道路与雨果潜移默化的影响有很大的关系。

法国著名作家维克多·雨果从小就爱好文学，悄悄地学着写诗歌。进学校读书后，兴趣更是日趋浓厚。由于舞文弄墨在当时人们心目中并没有什么地位，因此老师得知后非常不高兴。为了阻止雨果写诗，故意用大量的数学题来压他。

雨果的母亲知道后，没有屈从世俗的观念，她觉得应该以孩子的爱好为主，于是在一个假日，她对雨果说："我积极支持你进行诗歌创作。你要记住，按自己的兴趣去做，远比被别人强迫着去做要快乐得多。"她仔细观察雨果的一举一动，善待儿子的这种爱好和兴趣，支持他学习诗词歌赋。

平时，雨果的母亲处处留心帮助儿子寻找诗题，去捕捉一闪即逝的灵感。在母亲的支持下，雨果创作激情勃发，诗思泉涌，进步神速。1817年，15岁的雨果写了一首题为《学习之益》的诗参加诗歌比赛。这首充溢着才气的诗，得到了法兰西学院许多老院士的称赞，从而使少年雨果在巴黎崭露头角。

随着时间的推移，雨果的文学天才逐渐被激发出来。每逢母亲的生日，他总要向母亲献上几行热情洋溢的诗。17岁那年，正逢都鲁士学院诗歌创作奖比赛，有金鸡冠花、银罗兰花、银金盏花、银百合花四种奖。这一年因为重建法国十六世纪名王亨利四世的铜像，特征求纪念诗歌，设一个金百合花作为特奖。雨果知道后，决心不放过这次征诗的机会。没想到母亲这时却病倒了，并且病情一天比一天严重，他只好打消了这个计划。可母亲却非常重视这金百合花奖，她喘息着对雨果说："维克多，你那纪念诗歌呢？那金百合花呢？"

"妈，欧仁昨天守了你一夜，今天夜里轮到我守你了呀！"

"你不应征了吗？"

"我已经拿《凡尔登贞女》那首歌寄去争普通奖了。"

母亲伸出瘦弱的手扶住自己的小儿子说："我要你得那金百合花奖。"

"现在已经来不及了，明天就到征稿日期了。"

"明天将你的纪念诗歌寄出去。"

雨果听了母亲的话，一夜完成了120行诗。

第二天早晨，他兴奋地对母亲说："妈妈，我做出来了，我终于写好了。"

母亲在他额头上吻了一下作为回答，而雨果也捧回了金百合花奖献给了母亲。

母亲就是这样，不管在什么情况下都激励雨果去做自己的事。在她的支持下，雨果的文学天才终于最大限度地被激发了出来，在文学创作上取得了辉煌的成就。尤其在小说创作方面，把当时的文学创作推向了一个新的高峰。

后来，当雨果有了自己的儿女以后，他也谨记母亲的教训：以孩子的兴趣为主，让孩子按自己的兴趣去做。雨果不仅对自己的儿女，就是对孙儿孙女他也给予了浓重的艺术熏陶。雨果在教育后代的时候，多次强调"要做适合自己的事情"。他尊重每一个人的选择，从不将自己的想法强加于人。而"按自己的兴趣去做"，后来也逐渐演变为雨果家族的家训。

雨果的长子夏尔·雨果把毕生的精力奉献给了摄影艺术。雨果的许多照片都出自儿子之手，成了人们今天研究雨果的珍贵史料。孙子乔治·雨果继承爷爷的衣钵，成了颇有名气的水墨画家和素描画家，其成就最高的作品是以第一次世界大战为题材所创作的铜版画。雨果的曾孙之一让·雨果也专门从事绘画，画过大量的戏剧舞台布景画，晚年移居法国南部，专门从事静物、风景和家庭生活题材的绘画，其作品的特点是色彩浓烈斑斓，极富震撼力。雨果的另一个曾孙弗朗索瓦·雨果和儿子皮埃尔则是制作金银工艺品的工匠，他们的工艺品深受现代艺术大师们的钟爱。

每个孩子都有自己的爱好和志向，都有自己选择道路的权利。雨果的成才首先得益于母亲的支持，可以说，他的母亲是一位聪明的母亲，她懂得尊重孩子的选择。其实，为了孩子的健康成长，每个孩子的父母都应该尊重孩子的自主选择。

在英国，一位中国母亲带着5岁的儿子到公园里玩。儿子在与英国小朋友的交往中，用一只"纸飞机"换回了一辆玩具"小汽车"。中国母亲大为吃惊，因为那只纸飞机充其量只值5英镑，而这辆"小汽车"少说也要20多英镑。当中国母亲找到"小汽车"的主人——英国小孩和他的妈妈时，这位英国母亲却说："小汽车是属于孩子的，该由孩子做主。如果你儿子喜欢，小汽车就归他了。"她还表示，过一会儿要领孩子上玩具店，让他知道这辆小汽车值多少钱，能买多少个纸飞机，以后孩子就不会再做这样的蠢事了。

同一般中国父母的做法相比，这位英国母亲显得更为高明而有策略。首先，她十分尊重孩子的选择，并不担心孩子选择的错误可能带来的后果；其次，英国母亲把孩子的这一失误，当做是帮助孩子提高认识的机会，从而充分加以利用。事实上，孩子在自己选择的活动中主动去探索，正是他认识世界最自然、最有效的方法。

随着年龄的增长,孩子的独立意识会不断增强,他们逐渐会有思维、有见解、有个性、有自己的兴趣爱好、有自己的人生追求。他们不喜欢父母的唠唠叨叨,更不喜欢父母强迫他们只能干什么,不能干什么,他们希望得到的是父母的尊重。

有这样一位少年,性格内向,他从小就佩服那些在家乡养兔、养鸡致富的能手。中考时,他报考了当地的职业高中,被该校的水产专业录取。这本是件令人兴奋的事情,然而却遭到了父亲的强烈反对,倔强的他拒不服从父亲要他复读的安排。之后,父亲要他学习汽车维修技术,他还是不从,却执意要去学电脑。从此,父亲和儿子之间产生了强烈的对立情绪。精神上的折磨使儿子整日心情抑郁,沉默寡言,还不到一年的时间,便患上了间歇性精神分裂症,做出了一系列令人想不到的事情,最后用撕碎的蚊帐布条了结了自己短暂的一生。产生如此的悲剧,少年的父亲一定会后悔万分的。

倘若父亲支持儿子读职业中学,他很可能就会成为一个养殖能手;倘若父亲支持儿子去学电脑,他很可能是一个熟练的电脑人才;倘若做父亲的能和孩子坦诚地交换一下意见,来一点思想上的沟通,注意尊重一下儿子的选择,或许他就不会精神崩溃,不会这样轻易走上黄泉路。

像上述这样的悲剧很值得做父母的加以思考,而像那位企图为孩子设计人生道路的父亲大概不会太少。在他们看来,孩子是自己生的,出于爱,为他们规划一下未来,是理所应当的。关心孩子的前途和人生,乃人之常情,无可非议,可问题在于要适度,要考虑孩子的心理特点。为此,就要求父母尊重孩子"选择"的权利,让孩子在充满民主的家庭教育中成长。

也许有的父母会说:"毕竟孩子还小,他们的选择可能正确。"的确,尊重孩子的选择并不能保证孩子的每一次选择都是正确的。这就要求父母在尊重孩子选择权的同时,还应培养孩子的"辨别"能力。不过"辨别"能力也只有在选择的实践中培养。因此，最好的培养办法还是多为孩子提供"自作主张"的机会。星期天，最好让孩子办一天伙食，吃什么、怎么吃，都由他去操心。孩子需要添置衣服了最好在式样、颜色等方面由孩子做主。学习上遇到困难了，父母就应帮着出出主意，但解决问题的办法最后还得孩子自己拿……在这个过程中，孩子肯定会摔几个跟斗，走一段弯路，但选择的能力却会在一次次的选择尝试中不断提高。父母千万不要用"不听老人言，吃亏在眼前"之类的责备去剥夺孩子的选择，甚至阻止孩子选择的实践。

当然，父母尊重孩子的自主选择，并非是推卸责任，而是在培养孩子的自主能力和社会责任感，让他们逐渐成熟起来。为此，父母的要做到以下几点：

（1）不要代替孩子做出生活的选择，要经常倾听孩子的心声，尊重孩子的想法，让孩子做出选择，可以给孩子提出合理的建议并加以指导。

（2）对孩子既要充满爱心，又要不失理智，懂得什么是孩子最需要的，能够巧妙地将理智和情感融合在一起。

（3）拒绝或阻止孩子不恰当的要求和行为时，应心平气和地说明原因，绝不能简单粗暴地诉诸大人权威。

（4）父母要明白自己的价值观可能与孩子存在较大差异，既然不能改变自己，那么就应该宽容地对待孩子，让他们持有自己的价值观。孩子不是"物"，他们有自己的情感和意志，有自主选择生活道路的权利，父母切不可横加干涉。

每个孩子都是一个独立的个体，他有他的身高、体重，有他的志趣、爱好，有他的长处、短处，他的道路主要应该由他自己来决定和选择。当然，由于孩子知识经验的不足，看问题的不全面，父母给予应有的指导和帮助是无可厚非的，问题在于父母该采取何种方式与子女交流。

第二章
真爱

真爱是付出。这就要求父母，驱除内心的恐惧，摒弃固有的思维惯性，接受新的观点和挑战，勤奋努力地劳作，多花时间和精力来陪伴、照料孩子，这是真爱的重要前提条件之一。真爱最重要的付出手段是关注。关注是一种源于意愿的行动，是一种抵抗我们思维惯性的工作。只有通过关注，父母才能了解孩子，理解孩子，捕捉到孩子隐蔽的细微的需求，及时满足和教育孩子。

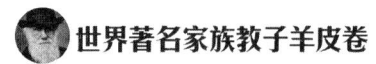世界著名家族教子羊皮卷

颜氏家训：慈而有度，严而有格

颜之推（公元531—591年），字介。南北朝时期我国著名思想家、教育家、诗人、文学家，他是当时最博通、最有思想的学者，经历南北两朝，深知南北政治、俗尚的弊病，洞悉南学北学的短长。当时所有大小学问，他几乎都钻研过，并且提出自己的见解。他的理论和实践对于后人颇有影响。《颜氏家训》是他对自己一生有关立身、处世、为学经验的总结，被后人誉为家教的典范，影响颇大。

颜氏原籍琅琊临沂（今山东临沂北），先世随东晋渡江，寓居建康。侯景之乱，梁元帝萧绎自立于江陵，之推任散骑侍郎。圣三年（公元554年），西魏破江陵，之推被俘西去。他为回江南，乘黄河水涨，从弘农（今河南三门峡西南）偷渡，经砥柱之险，先逃奔北齐。但南方陈朝代替了梁朝，之推南归之愿没有实现，就留居北齐，官至黄门侍郎。公元577年齐亡入周。隋代周后，又仕于隋。其家训一书是在隋灭陈（公元589年）以后完成的。

《颜氏家训》中有言"父母威严而有慈，则子女畏慎而生孝矣。"这里提出了"慈而有度，严而有格"的教育原则与方法。他强调："父子之间不可以狎；骨肉之爱，不可以简。简则慈孝不接，狎则怠慢生矣。"意思是说父子之间应该严肃，不可以过于亲密而不庄重；在骨肉之间，不可以简略而不合礼节。简则不能做到父慈子孝，狎则使子女对父母产生怠慢的态度。因此，做父亲的应该像老师那样，有一定的权威，保持一定的尊

严。只有这样，才能进行有效的教育。

纵观历史，颜氏子孙在操守与才学方面都有着惊世的表现。单以唐朝来说，像注解《汉书》的颜思古是颜之推的嫡孙，还有五世孙——书法为世楷模、笼罩千年的颜真卿，凛然大节震烁千古、以身殉国的颜杲卿等人，都令人对颜家有着不同凡响的深刻印象，这些更足以证明其祖所立家训之效用彰著。即使到了宋元两代，颜氏族人也仍然入仕不断，尤其令以后明清两代的人钦羡不已。

生子千斤重，教子重千斤。孩子是父母的心肝宝贝，掌上明珠，也是国家未来希望所系，孩子的一切牵动着全家人的心。如果孩子能够成才，那是全家人的幸福；如果孩子平平庸庸，将是全家人的遗憾；如果孩子不幸成了"废品"，则是全家人的痛苦。这让我们感到那句古语"可怜天下父母心"是多么的沉重。所以有人说，"生儿育女无异于被判了一个长期徒刑。"我们只要生育了儿女，就会有教育的责任，真是辛苦呀！为了孩子的将来，所有的父母日日夜夜、月月年年付出难以计量的时间、精力、物力和财力。

"望子成龙"这是中国人传统的育儿心态。又有哪个父母不"望子成龙"呢？俗话说："养不教，父之过。"传统"修身治国平天下"的"以龙为纲的家教"模式延续，一代一代地往下传，并愈演愈烈。现在新一代孩子的父母对孩子的重视程度是历史上罕见的，在孩子培养上所下的工夫也可谓史无前例。做父母的个个都使出浑身解数培育孩子，"望子成龙"的第一步就是让孩子进名校。这项工程从幼儿园开始，父母便费尽心机。有许多人千万百计不惜高价地让孩子进入名校，仿佛进了名校孩子从此就变成了龙，就会踏上青云之路。为了"望子成龙"，父母几乎启动了所有的思维，东询西访为孩子找好老师，进辅导班，请家教，把时间填得满满的，还有很多父母把下班后的大部分时间都用在辅导孩子身上。有的则决意把孩子培育成精通十八般武艺的天才，于是送他学英语、学钢琴、学画画，等等，真是可怜天下父母心啊！

望子成龙心切，而教子成才无方，则是当代父母最感困惑的事情。有些父母一味"望子成龙"，可是，他们的期望与他们的能力常常是一对矛盾的个体。对孩子不切实际的期望值，常会使教子成才出现故障，甚至还会造成不可挽回的后果。历史上因"望子成龙"的方法不对，适得其反的例子很多。像《红楼梦》中的贾政对贾宝玉就是寄予了很大的希望的，但贾宝玉不想读书，于是贾老爷就"关起门来"，几十下棍棒打得宝二爷气弱声嘶，可是宝二爷依然对读书中举毫无兴趣，最后则是遁迹空门，以"落了片白茫茫大地"而告终。这还不算，还有造成千古遗恨的，最突出最深刻的案例便是"燕王逼子"。

明朝燕王朱棣（朱元璋第四个儿子），有个儿子十分聪明，洪武六年参加科举考试，燕王希望儿子成"龙"，对儿子说："如若不能金榜夺魁，别来见我。"考试结束，儿子只考了个探花。按理能考中探花已经够争气的了，可是，燕王却绷紧脸训斥道："尔未能独占鳌头，有违父训，还有何脸面来见父亲。"其子听后一头撞死在悬崖，落得遗恨终生的悲剧。

当今社会类似的事例也有很多，如长春某人，儿子痴迷于电脑游戏，为了教训儿子，捆吊亲生儿子致死，被派出所依法取保候审。这个孩子6岁丧母，是父亲一手将他拉扯大的。父亲深信"棍棒之下出孝子"，最终吊子致死。事后，该父面对天下父母痛心疾首："望子成龙之心不可太急。棍棒教育的家教之风不可再长。"沉痛的肺腑之言，实为对社会的呐喊。

今天有很多父母对子女疼爱有余，却在教育上严格的程度不够，家长的娇生惯养成了孩子"娇"、"懒"的习气。在家务劳动方面，父母怕孩子吃苦，则宁肯自己多做；在学习方面怕孩子累坏了脑子，则降低对孩子的学习要求。尤其是现在，孩子占了很大的比例，父母的注意力和爱更是都倾注在孩子的身上。有的家庭对孩子的要求百依百顺，特别在物质上不断满足。结果，过分的宠爱、无休止的满足，渐渐使孩子养成了自私自利、任性的性格，在孩子心中形成了"没有什么是不可能的"的概念。只要他渴望得到的，就会毫无顾忌地去抢。这和缺乏严格的家庭教育有着直接的关系。

严格的家教应是一贯的，稍有放松就会使以前的努力事倍功半。当然，这绝不是提倡父母把孩子看得紧紧的，不给他们一点自由。严格的家教不是法西斯的严酷统治。机灵的孩子是极善于察言观色的，他们常常会利用父母过于同情的心理弱点，提出一些平时得不到满足的要求。平时就缺乏严格教育的孩子，更会借机放纵自己，甚至蛮不讲理。为保证教育的连贯性和一致性，孩子越是这样，父母越应当坚持原则，对他那些不合理的要求不能随意迁就，而且该批评时一定要批评。

高尔基说："爱护子女，这是母鸡都会做的事；而教育子女，这就是一件伟大的国家事业了……"爱子之心，人皆有之，但仅仅停留在爱上是不够的。既要爱孩子，又要严格教育孩子，只爱不教就成了溺爱，家长就没有尽到教育孩子的社会责任，就会给孩子的成长造成障碍。

曾氏家训：但愿为读书明理之君子

曾国藩是近代中国赫赫有名的大人物，是从清朝官吏到蒋介石都崇奉的主要偶像之一。青年时代的毛泽东说过："愚于近人，独服曾文正。"可见曾国藩影响之大。

他的家庭教育思想，虽然忠于封建王朝，仇视太平军的思想特别突出，但他也很注重我国传统道德的教育，有不少可取之处。

曾国藩出身低微，然而他不仅学识渊博，见识阔宏，文武兼备，而且当时的朝廷信赖他，满朝文武官员钦佩、尊敬他。他死后被谥为"文正"，被誉为"中兴第一名臣"。曾国藩的一生，谦虚诚实，教子有方。他的儿子纪泽诗文书画俱佳，又自修英文，成为清末著名外交家；纪鸿研究古算学也取得了相当的成就，但他不幸早逝；他的孙辈也出了曾广钧这样的诗人；曾孙辈又出了曾昭抡、曾约农这样的学者和教育家。

曾国藩的家书，总共有330封之多，是历史上家书保存下来最多的一个。他的家书分为治家类、修身类、劝学类、理财类、经济类、交友类、用人类、行军类、旅行类、杂务类，共十大类。在曾国藩写给儿子纪泽、纪鸿及诸弟的这些家书中，多处都表现出了他的家庭教育思想。

曾氏家族，一向以治家严谨，并且很有章法而著称。曾国藩由于受家风的熏陶，从而对自己的子弟也严格要求，并加以谆谆教诲。在他家庭教育的指导思想中，有许多值得借鉴的地方。例如，他在教育子弟读书、做学问、勤劳、俭朴、自立、有恒、修身、做官等诸多方面，都继承和发扬了中华民族的传统美德。

1. 曾国藩的家庭教育指导思想

（1）祖传的治家之法。其祖父曾玉屏善于经营，在实践中总结出了一套治家方法，为"八字，三不信"。

八字的具体内容是：

考，即诚修祭祀祖先。

宝，即善待亲族邻里。

早，即每天早起。

扫，即打扫屋室、院落。

书，即要多读书，刻苦读书做学问。

蔬，即要自己种菜。

鱼，即养鱼。

猪，即养猪。

三不信是：曰僧巫，曰地仙，曰医药，皆不信也。曾国藩在家书中反复向子弟灌输这些内容并身体力行，率先贯彻。

（2）曾国藩的治家之法。曾国藩在写给纪泽、纪鸿的家书中指出："吾教子弟不离八本、三致祥。八者曰：读古书以训诂为本，作诗文以声调为本，养亲以得欢心为本，养生以少恼怒为本，立身以不妄语为本，治家以不晏起为本，居官以不要钱为本，行军以不扰民为本。三者曰：孝致祥，勤致祥，恕致祥。"

2. 教育子弟读书做学问

（1）读书明理，不求做官发财。他说："凡人皆望子孙为大官，余不愿为大官，但愿为读书明理之君子。"

他致力于培养孩子们读书的兴趣，注意观察他们的天赋、潜能，在此基础上再进行培养、雕塑。他认为一个人只要身体好，能吟诗作文，能够明白、通晓事理，就能有所作为，就会受到人们的尊敬。他认为当官是一阵子的事，做人是一辈子的事；官衔的大小不取决于自己，而学问的多寡则主要由自己来决定。

（2）要刻苦读书做学问。曾国藩利用自己好学的行为勉励儿子说："余在军中不废学问，读书写字未甚间断，惜年老眼蒙，无甚长进。尔今未弱冠，一刻千金，切不可浪掷光阴。"

（3）读书做学问要讲究方法。曾国藩在给儿子的信中写道："读书之法，看、读、写、作，四者每日不可缺一。"

（4）读书要有志、有识、有恒。他在给诸弟的家书中说："盖士人读书，第一要有志，第二要有识，第三要有恒。有志则断不敢为下流，有识则知学问无尽，有恒则断无不成之事。此三者，缺一不可。""凡富贵功名，皆有命定，半由人力，半由天事。唯学做圣贤，全由自己做主，不与天命相干涉。"

3. 教育子弟勤劳俭朴，不要懒惰奢华

曾国藩在给儿子的信中说："勤俭自持，习劳习苦，可以处乐，可以处约，此君子也。余服官二十年，不敢稍染官宦气习，饮食起居，尚守寒素家风。"

他还说："由俭入奢易，由奢返俭难。勤劳俭约未有不兴，骄奢倦怠未有不败。"

曾国藩在京城时见到很多高干子弟胸无点墨，奢侈腐化，挥霍无度，且目中无人。因此，他不让自己的孩子住在北京、长沙等繁华的城市，要他们住在老家。并告诫他们：饭菜不能过分丰盛；衣服不能过分华丽；出门要轻车简从；考试前后不能拜访考官，不能给考官写信，等等。因此，他的孩子因为自己的父亲是曾国藩反而更担心自己的言行不够检点、学识不够渊博而损害自己的父亲的声誉。所以他们磨砺自己，迎难而上，奋发图强。

4. 教育子弟要谦恭谨慎

曾国藩是赫赫有名的大官，但他对子弟做人要求极严格。他的家属久居乡间,他要求他们不能有官家风味。"莫作代代做官之想,须作代代做士民之想。门外挂匾不可写'侯府'、'相府'字样,天下多难,此等均未必可靠。""居官不过偶然之事,居家乃是长久之计。望夫人教训儿孙妇女,常常作家中无官之想,时时有谦恭省俭之意,则福泽悠久,余心大慰矣。"

曾国藩平常很重视自己的言行对孩子的影响,凡要求小孩子做到的,先要自己做到。他生活俭朴,两袖清风。传说他在吃饭遇到饭里有谷时,从来不把它一口吐在地上,而是用牙齿把谷剥开,把谷里的米吃了,再把谷壳吐掉。他还要求纪泽、纪鸿也这样。他日理万机,但是一有时间,就给孩子写信,为他们批改诗文,还常常与他们交换学习、修身养性的心得体会。在教育孩子的过程之中,曾国藩既是父亲又是朋友;既是经师又是人师。他赢得了孩子们的尊敬和爱戴,他的孩子们都把他视为自己的人生偶像和坐标。

教育孩子,方法很重要。为了让孩子从小就养成良好的习惯,有的父母真可谓是煞费苦心,但效果却并不理想。为什么会这样?有的父母只是对孩子进行单纯的说教,这是不可能起到好效果的。榜样的力量是无穷的。父母只有身体力行,以身作则,才能教好孩子。

父母教育孩子应寓于日常生活中。父母毫无掩饰的言谈举止时时刻刻都有可能被孩子模仿,这种模仿对孩子的品格影响是潜移默化的,是在漫长的时间里毫无感觉地完成的。事实上,如果一个孩子生活在一个充满仁慈、爱心和责任感的家庭,他日后就很可能会成为健康、正直、乐观向上、有所作为的人;如果一个孩子生活在一个充满暴力、愚昧、堕落和自私自利的家庭,日后他就可能会成为一个粗鲁的、毫无教养的甚至危害社会的人。

现在,有的父母往往忽视了对孩子的教育:有的夫妻反目,婆媳相嫌,却要求孩子学会关心,学会尊重;有的自己游山玩水、挥霍乱费、嫖赌逍遥，却要求孩子好好学习，艰苦朴素，勤俭节约；有的父母自己看不起读书人，却要自己的孩子学有所成；有的父母只关心孩子的学习，却不关心孩子的操行，等等。其结果往往事与愿违，其孩子反其道而行之，主要是因为他们只注重言教，而不注重身教；或者只注重他们的学习，而忽视他们的德行。

所以，父母在对孩子进行教育时，要不断提高自身的素质和道德修养，了解孩子心理发育特点和教育规律，与孩子建立平等、和谐、民主的家庭关系，努力与孩子一起成长。

做孩子的伙伴，就是做孩子上进的对手、模仿的对象。父母和孩子在一起时，要尽量站在孩子的角度与其交流、学习。

高尔基曾说过："学习是进步的阶梯。"成功者的一生几乎都是在学习中度过的，不断地吸取新知识，不断地完善自己，这样的生命才会充满活力。在一个孩子成长的道路上，不但要培养他坚强的品格，达观的胸怀，也要帮他建立起积极进取的信心，敏而好学的习惯，从而摸索出适合孩子自己的学习方法，这将使孩子受益一生。

显然，曾国藩对子弟的教导有值得借鉴的地方。他的摆事实，讲道理，以身作则，要求具体的教育方法，有很多可取之处。

杰斐逊家训：人人都是你的老师

托马斯·杰斐逊是美国第3任总统。他于1743年出生在弗吉尼亚州的一个种植园主之家。父辈是美国早期的开拓者，而母系则出身贵族，有很高的社会地位。这两方面的巧妙结合给杰斐逊提供了当时来说最好的条件。他自幼受到良好的教育，使他很快进入上流社会，并在日益复杂的斗争形势中崭露头角。1767年，杰斐逊进入殖民地议会，1775年参加第二次大陆会议，并且受命起草《独立宣言》，1776年重返弗吉尼亚议会，制定宗教信仰自由法案，1779—1781年任弗吉尼亚州州长，1784年出任驻法公使，1789年任国务卿，1800年当选总统。

如果不是历史学家的提醒，人们在华盛顿之后，肯定首先想到托马斯·杰斐逊。杰斐逊充满传奇色彩的一生不但给他的头上增添了无数光环，而且也让他在世界历史上深深地刻下了自己的名字。他与其说是一个政治家，不如说是一个地地道道的学者。依靠惊人的执著，他用当时最为先进的思想，创建了一个民主国家的政治制度。这种制度随着历史的发展，显示出了它巨大的潜力和优越性。换在任何一个国家，杰斐逊这样的书呆子在政治上是不会有什么作为的。如果说美国造就了杰斐逊，反过来一样可以说，杰斐逊造就了美国。

杰斐逊给后代留下了生活十诫，实际上是从父母那里继承下来的珍贵遗产。这里面贯穿着一种自立自强的精神，是美国创建者共有的财富。杰斐逊之所以没有仅仅成为一个文人，而是成为了对建立美国国家制度最重要的总统，原因就在于他被培养成为一个敢说更敢做的人。

18世纪的美洲还是奴隶制的天堂。美国的"国父"们几乎毫无例外都是奴隶主。在当时的人们看来，白人是天生的统治者，而黑人则是天生的奴隶，这一点天经地义，没有人质疑。杰斐逊家也拥有100多个奴隶，他们从事着最繁重、最危险的劳动。杰斐逊就是在这样的环境中长大的。同样是他的父亲，在他内心深处种下了一颗平等的种子。彼得是靠自己的能力在北美土地上扎根的殖民者后代，尽管他也有歧视黑人和印第安人的思想，但比起其他人，他还是非常开明的。在政治上他属于辉格派，相信民主观念，并表现在行动上。他拥有奴隶，靠奴隶来致富，但他没有虐待过奴隶，而是把奴隶当做家中互相依存的成员，教给他们木匠手艺、家务管理等各种有用的技能，甚至和他们一同劳作。

杰斐逊的父亲总是告诫他："不要看不起奴隶，人人都会成为你的老师。"

尽管父亲的教诲没有改变自己也是奴隶主的事实，但至少使杰斐逊学会了尊重所有人，学会了谦虚和宽容。这一点对他也非常重要。后来，"人人都是你的老师"这句话也成了杰斐逊的教子家训。

当时的很多贵族只懂得发号施令，作威作福，很少与民众交往，他们根本看不起平民，更不用说是印第安人和奴隶了，杰斐逊虽然也属于上流社会，但他没有这样的习惯。他主动和各阶层的人交往。他的朋友中有社会名流，而更多的则是普通的园丁、仆人、农民，或者是贫穷的工人。他善于向各种人学习，懂得每个人都有自己的长处。这不仅大大地开阔了他的眼界和心胸，也使他具备了一个领袖人物必不可少的美德。

为人谦和，转益多师，是杰斐逊的重要特点。后来他结交了华盛顿、亚当斯、富兰克林等美国建国的关键人物，也同他们建立了深厚的友谊。特别是麦迪逊和门罗，不但是他终身的挚友，还是他的思想的忠实拥护者，为美国民主制度的确立起到了重要作用。

杰斐逊共有五女一子。杰斐逊在教育子女的时候，也本着"人人都是你的老师"这一原则,因此,他的孩子都健康地成长,并为社会做出了很大的贡献。杰斐逊的长女马撒(帕西)·华盛顿·杰斐逊·伦道夫,毕业于法国私立学校,后成为白宫女主人。

杰斐逊的"人人都是我的老师"与孔子的"三人行,必有我师"的意思是相同的。孔子的"三人行,必有我师"受到后代知识分子的极力赞赏。他虚心向别人学习的精神十分可贵,但更可贵的是,他不仅可以以善者为师,还可以以不善者为师,这其中包含着极为深刻的道理。

现在,"人人都是我的老师",我们可以这样理解:能者为师。在我们的日常生活中,每天都要接触到许多人,而每个人都有许多长处值得学习,可以成为我们的良师益友。

随时注意学习他人的长处,随时以他人缺点引以为戒,自然就会多看到他人的长处,与人为善,待人宽而责己严。这不仅是提高自身修养的最好途径,也是促进人际关系和谐的重要条件。另外这对于指导我们处世待人、修身养性、增长知识,都是很有裨益的。

虽然"三人行,必有我师焉"可以说是家喻户晓,可是人们并不是经常能够做到。人们常犯的一个通病,就是往往看自己的优点和他人的缺点多,看自己的缺点和他人的优点少;或者只看到自己的优点和他人的缺点,看不到自己的缺点和他人的优点;或者喜欢拿自己的长处与他人的短处比较。在与人相处中,就表现为对比自己优秀、比自己强的人不服气;宽于责己而严于责人;看不起有缺点和错误的人;拿正确的道理当做手电筒,不照自己,只照他人。这样做,既阻塞了向他人学习、提高自己的道路,也难免造成人际关系的不和谐,有的甚至会发生冲突。

你见过高山吧?它是那样的雄伟、绵延;你见过大海吧?它是那样的壮阔无边。山之高,是因为它不排斥每一块小石头;海之阔,是由于它聚集了千万条小溪流。如果你想具有高山般宽广的情怀和大海般渊博的知识,就应该善于从生活中寻找良师益友,吸取他们的点滴长处。

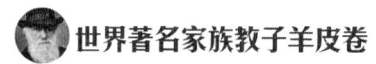

默多克家训:财富要靠自己去创造

鲁伯特·默多克出生于澳大利亚的墨尔本,后加入美国籍。默多克毕业于英国牛津大学伍斯特学院,1964年创办《澳大利亚人报》。此后先后收购《圣安东尼奥新闻》和《星报》、《纽约邮报》和纽约杂志公司、《英国泰晤士报》和《星期日泰晤士报》,并控制着在电影和新闻界中颇有影响的华纳通信公司。其创立的默多克新闻公司是澳大利亚大报系之一,在澳大利亚和英国、美国、新西兰拥有数十家电视台、报纸和杂志。

也许是因为父亲凯思多愁善感、软心肠的缘故,也许是由于凯思43岁才有孩子的缘故,对于他来说,四个孩子极其珍贵,个个都是宝贝。尤其对默多克——他唯一的儿子,凯思更是宠爱有加,甚至有点溺爱。像许许多多"望子成龙"的父母一样,凯思也急于想让小鲁伯特迅速成长起来。面对凯思对默多克的溺爱,母亲伊丽莎白有些着急了。为了不让孩子们被宠坏或过分放任,伊丽莎白采取了一些措施,来全方位地教育孩子。

伊丽莎白对自己的孩子很严格,甚至可以说是严厉。她为孩子们制订了较高的标准,并要求他们努力达到她的要求。在凯思看来,孩子们还太小,做母亲的对孩子要求不能太苛刻,需要降低一些标准,使其符合小孩的特点。而伊丽莎白不同意凯思的意见,在教育孩子方面,她有自己的一套。

伊丽莎白很少亲近、迁就孩子。她每次都监督孩子做祷告,去教堂做礼拜;她经常带孩子整修花园,打扫自己的房间,并让他们亲自动手照顾属于自己的马匹;她要培养他们拥有良好的基督徒的价值观和责任感;

她让孩子自己选择劳动种类和方式，然后从她这儿领取相应的计件报酬。"在那些日子里，他们可能全都认为我是一个旧式的、残忍的母亲。"她说，"但我认为他们现在能真正体会那样做的好处。"同时，伊丽莎白总是告诫自己的孩子："世界上没有免费的午餐，财富要靠自己去创造。"

默多克成功后谈起母亲对他的影响时，他说："是的，我想她的严格要求使我懂得了世界上没有免费的午餐，财富要靠自己去创造，自己的事情应该自己去完成。"

默多克的母亲迫不及待地想让儿子变得坚强起来，以纠正他在父亲凯思宠爱下养成的任性和娇气。于是她决定施行一个看似铁石心肠的"试验"。她专门为小默多克在花园里盖了一间小木屋，除了寒冷的冬天，默多克可以和父母姐妹们一样在大房子里睡觉外，从春天到秋天，每当太阳下山，全家吃完晚餐、读书看报后，伊丽莎白就开始劝说小默多克去花园的木屋里睡觉，这样坚持了好几年。每当凯思于心不忍、想打退堂鼓让默多克搬回大房子睡觉时，伊丽莎白总是说："我认为在外面睡觉对默多克有好处，这是很好的锻炼。他不只是适应这些树，还要适应自然界的黑暗，适应独处，这会让他更勇敢些。"

伊丽莎白认为，这种经历至少可以锻炼默多克的适应能力。事实上，默多克日后的表现也证明了母亲的"试验"在他身上发挥的效用。他能适应各种职位、各种环境，他对事物有很强的鉴别能力，无论身处何种境地、面对何种复杂局面，他都能及时地调整自己以适应变化的世界。

正是母亲看似铁石心肠的"试验"促成了默多克的成功。

虽然默多克家族很富有，但默多克从来也没有忘记母亲的教诲。他也总是教育自己的孩子，要自己去创造财富。他的三个主要继承人如今除了小儿子詹姆斯还继续留在"新闻集团"外，女儿伊丽莎白和儿子拉克伦都已经离开了父亲鲁伯特·默多克的护航，独自闯天下。伊丽莎白的公司shine更是英国电视界升起的一颗新星，如今她将犀利的目光投向了更为广阔的"美剧"市场。

今天的母亲是否会忍心这样做呢？不妨试一试吧，雄鹰教雏鹰试飞，总是要将小家伙们赶到大雨中去与恶劣的自然环境搏击，从而练就它们一双强健的翅膀。平静的水面造就不了优秀的水手，不经历风雨怎么见彩虹？年轻的父母，让孩子们从你们双翼下走出来，放手让他们锻炼锻炼吧，不要时时刻刻把他们视若掌上明珠，揣在怀里怕压了，含在嘴里怕化了。假如孩子摔倒了，你可千万不要急急忙忙地跑过去扶起他，还是站在一旁鼓励他们自己爬起来的好。这样，他们会变得更勇敢、更坚强。

俄国著名作家高尔基说过："爱孩子，这是母鸡也会的事情，关键在于怎样教育他们……"是啊，爱孩子，并非就是一味地给他们溺爱；相反，溺爱对孩子人格的健全发展有很强的侵蚀作用。明智的母亲，应懂得从小严格要求孩子，让孩子懂得，一切都要靠自己去争取，而不是坐等别人给自己准备好。从小培养孩子独立自主的意识和能力，为他们今后的发展打好伏笔。

然而在现在生活中，父母溺爱孩子的现象比比皆是。无数被溺爱包围的孩子，不仅在家中的一切生活起居由家人包办，甚至连学校做值日、大扫除也一概由父母代劳。

父母爱子女天经地义，但是当这种爱失去了理智，不节制地扩展与发挥过度时，便会扭曲，形成溺爱，给孩子带来种种不合情理的束缚。另一种极端的爱表现为，孩子从日常生活到学习安排，一切都得听从父母的，孩子都上中学了，每天吃什么饭菜，穿什么鞋袜，戴什么帽子，都由父母包办，孩子一点儿自主权都没有。

在视孩子为"小太阳"，事事围绕着孩子转的家庭里，孩子往往以自我为中心，全然不顾及周围人的需要与感受，想怎么样就怎么样，缺乏自制力，容易造成孩子放纵专横的性格。而事事包办又往往使孩子缺乏独立生活的能力，遇事依赖父母，胆小畏难，做事没有恒心，怕困难，没有毅力，缺乏判断力与自信心，出现个性发育异常和人格缺陷。

看看我们的许多母亲，再看看伊丽莎白教育孩子的方法，便不难理解伊丽莎白的用意和一片苦心了。她和天底下所有的母亲一样，深爱着自己的孩子，但她并没有选择溺爱孩子，而是对孩子严格要求，注意培育孩子的自主能力，给了孩子生活和生存的本领，这是一种真正的爱！事实证明，她的做法对默多克产生了积极的影响，值得我们去学习。

易卜生有一句名言："生活犹如一条船，每个人都要有掌舵的准备。"每个人的父母都希望自己的孩子能成为坚强有力的人，那就放手吧！离开了父母的怀抱，他们才有希望自己去驾驶生活之舟。

一对父母带着孩子治牙。磨牙拔牙对于大人也是一件不容易忍受的事，孩子肯定会产生恐惧。这时母亲站在旁边，越是"哄"，越是说："妈妈在这里，乖乖！不怕！"孩子越是吵闹，越是不合作。那位颇有经验的大夫，让父母离开诊室到外边等，然后和蔼地告诉孩子："有点痛，你要治病就忍着。治好了，以后就不痛了。"其实孩子是明理的，经大夫一说，又看到旁边没有了父母，赖也没处赖了，哭也没用，只好硬着头皮，也就挺过来了。

因此，做父母的要想让孩子克服软弱、怯懦心理，就要打破他们依赖父母的幻想，让他们自己去面对困难。大胆地让孩子直面人生，经风雨，受考验，实际上也是对他们进行立身处世的磨砺，是培养坚强与毅力的好机会。

大多数孩子在考验中，会闯过难关，健康成长。父母的过分担忧常常是多余的。

就像游泳必须下水一样，坚强的意志力，必须在面对艰难困苦、无从依赖、无从求援的情况下，不断磨炼而成。正像温室的花朵，经不起风吹雨打一样，总在父母怀抱中长大的孩子，难免软弱。孩子的脆弱往往是父母过于娇宠养成的。

世界著名家族教子羊皮卷

杜鲁门家训：要实干不要空谈

杜鲁门于1884年5月8日出生在密苏里州的拉马儿镇，他不是出生在医院里，而是出生在家里。他的出身并不显贵，祖先世代以务农为生。他是英格兰、爱尔兰和日耳曼人的后裔。1606年，杜鲁门家族中的约瑟夫·杜鲁门为了逃避战祸，第一个来到北美大陆。他从英格兰诺丁汉郡最初来到康涅狄格州的新伦敦，后几代人又移居到肯塔基州的谢尔比县。19世纪40年代，杜鲁门的祖父母一辈离开肯塔基州迁往密苏里州韦斯特波特兰丁（现堪萨斯城），那里地处美国中南部，适合于经营大农场。当时，美国南北战争的前兆日趋明显，南北方就"黑奴制"之争已开始走向分裂的边缘。杜鲁门家族受南方的民主党一派的影响很深，并保持了这种党派信仰传统。

他的父亲约翰·杜鲁门受教于一所乡村学校，并依靠种田为生。他勇敢倔强的性格使他在事业上追求不懈，即使遭挫折也不气馁。父亲一有时间就对杜鲁门进行思想上的教育，他总是对儿子说："我最反对的就是那些只说空话的人。你一定要记住：要实干不要空谈。"这些精神都深深根植于哈里·杜鲁门幼小的心灵中。他后来说："父亲不是一个空谈家，而是一个实干家。"父亲的这一特点也一般无二地传给了杜鲁门。特别是由于没有受到系统的高等教育训练，杜鲁门对理论空谈有天生的拒斥，这一点无疑是受了父亲这一家训的影响。

杜鲁门从小就是一个很老实、憨厚、比较喜欢安静的孩子，平时极少说话，总是默默地做事情。这一点得到了父亲的赏识。由此，父亲也经常教导他："千万不要做只说不做的人。"从他刚刚懂事的时候起，就经常帮助父母做一些力所能及的事情。在他四五岁时，一次为了给母亲梳头，站在椅子上摔了下来，半年的时间都不能动弹。

杜鲁门是父母的乖孩子，很小就开始帮父母干家务。他是家里的长子，因此，他不但要到厨房去帮忙，还要照顾弟弟妹妹。许多杜鲁门小时候的玩伴回忆说："他那时要给小妹妹梳头，给她唱歌，哄她睡觉什么的，我们都因此而嘲笑他。因为他根本就不像是个男孩子。"然而，杜鲁门的行为得到了父母的赞赏，也给弟妹树立了榜样。

当杜鲁门自己的女儿懂事以后，他也总是用父亲的教诲"要实干不要空谈"去教育她。他的女儿玛格丽特在父亲的精心培养下，终于成为了一名著名的歌唱家兼作家。

成功，始于心动，成于行动。每个人都具有最基本的两种能力：思维能力和行动能力。没能达到自己的目标，往往不是因为我们的思维没有想到那儿，而是因为缺乏行动的能力。拿破仑也曾经说过：想得好是聪明，计划得好更聪明，做得好最聪明又最好。

的确，说一丈不如行一尺。很多人的口头功夫了得，但真要干起实事来，却推三阻四。我们要知道，说一千道一万也不如做一件实事。

在人的一生中，充满着各种理想、愿望和计划，如果我们在抓住他们的同时又能马上付诸行动，那我们的事业是何等伟大。只可惜，我们的许多计划都沦为空谈，许多理想都化为泡影。

机不可失，时不再来。机会就像昙花一现，如果我们抓不住，它就永远错过了。我们的人生是何等短暂，时间如白驹过隙，稍逊即逝，人生的黄金年龄也不过有30年的时间，时间只能随着指尖一点一滴地溜走，永远不会再回来。

踩着浮板过日子的人总会有落水的一天，奋力踢开脚下的浮板，义无反顾地踏上坚实的土地，只有这样，才能放出属于你光彩。

行动吧，朝着目标，不要左顾右盼，犹豫不决，拖延观望；在行动中才能聚集力量，增益智慧，因为世界上最伟大的奇迹都是那些勇于行动的人创造的，因为一个行动胜于一万个空想。

罗斯柴尔德家训：坚持家族的和谐

罗斯柴尔德家族是地球上最为神秘的古老家族，一个隐藏在这个世界阴暗面的控制者，一个控制了这个星球近两个世纪经济命脉的强大家族！或许对绝大多数普通人来说它是陌生的，因为在大众传媒时代，人们的目光或许只会关注到类似"洛克菲勒家族"或者"摩根家族"这些声名显赫的名字上。而20世纪二战前的美国，曾经有一句经典的话形容当时美国的情况"民主党是属于摩根家族的，而共和党是属于洛克菲勒家族的……"其实在这句话后面还应该跟一句"而洛克菲勒和摩根，都曾经是属于罗斯柴尔德的！"

罗斯柴尔德家族是欧洲乃至世界久负盛名的金融家族。它发迹于19世纪初，其创始人是梅耶·A·鲍尔。他和他的五个儿子即"罗氏五虎"先后在法兰克福、伦敦、巴黎、维也纳、那不勒斯等欧洲著名城市开设银行，建立了当时世界上最大的金融王国。鼎盛时期，他们翻云覆雨的力量使欧洲的王公贵族也甘拜下风。时至今日，世界的主要黄金市场也是由他们所控制。其第四代居伊·罗斯柴尔德，是世界著名的银行家，他的经历与家族的命运一起跌宕起伏。

梅耶·罗斯柴尔德原名迈尔·阿姆谢尔·鲍尔，后将姓改为罗特席尔德（德语意为红色盾牌）。

罗斯柴尔德家族的家训：要坚持家族的和谐。

在19世纪的欧洲，罗斯柴尔德几乎成了金钱和财富的代名词。这个家族建立的金融帝国影响了整个欧洲，乃至整个世界历史的发展。

梅耶有五个儿子，他们几乎全部继承了自己父亲诸多优秀的品质，五兄弟分散在欧洲的主要国家：英国、德国、法国、意大利和奥地利。而且，五兄弟之间还保持着频繁的联络，这也成为维系罗斯柴尔德家族繁荣和安定的命脉所在。

五兄弟中最顶尖的高手是老三纳坦，他的势力范围在英国。1815年6月18日，拿破仑和联军在比利时的滑铁卢进行决战。这场战役的结果，在当时还无人能做出准确的预测。谁如果事先知道了这个结果，谁就能用他的情报赚上一大笔钱。因为谁要是知道英国国王依然有支付能力，那么，英国国债的行情就会猛涨。更为重要的是，当时英国国债的价格已经被压得很低。原因是：投机家们普遍估计，英国国家银行有可能面临破产的危险。

罗斯柴尔德家族的情报组织中有人率先知道了法国战败的消息，他们立即将消息交到纳坦手中。纳坦接到消息后就立刻登上马车赶往伦敦。他得到的消息，比英国政府还早了几个小时。这位年轻的银行家，在伦敦交易所中有自己固定的席位，他在以前的股票买卖中，经常依着一根柱子，人们就把这根柱子叫做"罗斯柴尔德之柱"，而纳坦的脸色就是当时股市交易的晴雨表。

这是一个特殊的日子，人们更加关注纳坦的脸色和他的一举一动。正当人们焦急万分等待消息的时候，纳坦坐在自己固定的那个席位上，开始抛售债券。于是，人们都在跟风纳坦拼命抛售手里的英国债券，甚至已经顾不上考虑抛售价格的高低了。这种恐慌性的大抛盘，致使英国债券价格进一步暴跌。

直到英国债券价格跌到谷底时，纳坦悄悄给自己的几个代理人使了一个眼色，代理人马上纷纷买进已经跌入谷底的债券，跟风抛售的人们此刻全部傻了眼，不知道究竟发生了什么事。就在这时，传来了英军大获全胜的捷报，英国的国债价格也开始直线上涨。纳坦就在这几个小时之内，获利几百万英镑。这是一个多么大的数字——当时，10万英镑就可以修筑一条铁路了。

老罗斯柴尔德总是教育自己的五个儿子：一定要保持家庭内部的团结，而这也成为罗斯柴尔德家族的家训。

他的五个孩子也时刻谨记父亲的教诲，使得兄弟之间和睦相处，从没有出现过闹矛盾的时候。

古人云：家和万事兴，家齐国安宁。足以见得，家庭对于社会的意义是举足轻重的，对于个人而言又是不可或缺的。

有人把家庭比做社会的细胞，这是最恰当不过的。家是社会稳定的基石，是人生旅途中温馨的驿站，是人生事业的"助推器"。和谐家庭就必涵盖了家庭成员间感情、兴趣、爱好、谈吐等能默契和谐，彼此相处融洽，互谅互慰，充满温暖，是爱、尊重、责任、谅解、幸福、温暖等元素组成的共同体。

家庭关系是影响和谐家庭最为主要的原因。家庭生活中最复杂的一门学问，就是家庭关系的处理上。列夫·托尔斯泰就曾讲过：幸福的家庭都是相似的，不幸的家庭却各有各的不幸。随着社会、经济的发展，婚姻家庭中的个人，其伦理道德、生活方式及思想观念都发生了不少变化。而这些变化不可避免地影响到家庭关系，再加上代沟的存在，婆媳之间、上下辈之间，如果没有一种关系上的协调，则很容易引发"战争"。这势必影响这个家庭的和谐。可以说，家庭关系的好坏是影响和谐家庭的主要原因。

中国有句俗话，兄弟同心，其利断金。虽然说现在的家庭中，女子少了，但学校和社会仍然是个大集体。在这个大集体中，也要求孩子懂得"团结就是力量"的重要性。

俗语还说："单丝不成线，单树不成林，一人难办事，双人事好办!"只要团结一心,懂得合作,就多一份力量。这就要求父母平时要给孩子培养的团队精神。

团队精神是指一种团结一致,互帮互助,为了一个共同的目标坚毅奋斗到底的精神。那么怎样培养孩子的团队精神呢?

(1)在游戏中培养孩子的团队精神。游戏中,父母有意识培养孩子团结协作,为了集体的荣誉而努力的精神。比如,将孩子送到幼儿园或学校,让他们多和同学玩一些需要互助合作才能完成的游戏,让孩子知道只有服从集体利益,才能达成最终的目标,即使自己吃亏也是光荣的。

(2)在日常生活中培养孩子的爱心、责任心,消除孩子孤僻的心理障碍。要想具有团队精神,爱心、责任心,以及群体意识是必备的,因此在日常生活中要注意这些素质的综合培养。比如,父母要让孩子学会互相帮助,对有困难的小朋友要有同情心并给予帮助。

(3)树立孩子正确的竞争意识。在当今社会竞争日益激烈的形势下,对孩子教育中适当让之树立争第一的意识。但同时也要让孩子明白,在争第一中要采用正当的手段,要有正确的心态,各种教育活动对孩子都会起到潜移默化的影响。

未来的时代是一个需要团队精神的时代,因此,从小注重培养孩子的团队精神是非常重要的。团结就是力量——一个永恒不变的定律。

居里夫人家训：从独立思考开始

居里家族是法国科学家P·居里和M·居里夫妇，女儿I·约里奥·居里和女婿F·约里奥·居里的合称。他们先后三次获得诺贝尔奖，主要以其放射性研究对近代科学技术发展所作的贡献而闻名于世。居里夫妇的科学成就是历史公认的，居里家族可称为一个"科学之家"，他们的科学传统延续至今已有四代：居里夫妇的长女艾伦妮和女婿佛雷德里克·约里奥·居里都是从事放射线研究的，外孙皮埃尔·约里奥是生物物理学家，孙女海伦·约里奥也是核物理学家，第四代的阿伦·约里奥不久前取得了生命科学的博士学位。这其中，前面三代都已经是法国科学界的主要人士。

就像人们很少将爱因斯坦列为上世纪最伟大的哲学家一样，可能还没有人将居里夫人列为上世纪最伟大的教育家之一。事实上，人们不仅不会认为居里夫人是一个优秀的教育家，甚至还将她与一个教育家、一个母亲的形象给对立起来，原因就是，在人们的印象中，她始终是一个事业成功的女强人。

当伊雷娜到了上学的年龄时，居里夫人觉得孩子在这个时候应该是喜欢活动的年龄，把她们关在空气不好的课堂里，只会消耗时间。没有效果的"上课钟点"，对孩子来说简直是一种野蛮的约束。她在写给姐姐的信中说："我常常这样想，与其把孩子们关在现在这种学校里，还不如索性淹死他们。"

她对伊雷娜的学习要求不多，但必须要学好。在她的鼓动下，她与她的学者朋友间产生了一种合作教育的计划：学者们把他们的孩子聚在一起，孩子第一天听保罗·郎之万教授的数学课，第二天听让·佩韩教授的化学课，星期四下午听居里夫人的物理课。另外沙瓦纳夫人、佩韩夫人、穆敦教授、雕塑家马格鲁，分别教孩子历史、文学、各种语言、自然科学、绘画、雕塑等。这个小学校恐怕是人类迄今为止最高档次的小学了，因为佩韩、郎之万及居里夫人都是世界上最著名、最伟大的学者，这三人去世后都被葬在法国的先贤祠里。虽然这个计划只坚持了两年多，但给孩子们的影响却是无可比拟的。在这个还不到10个孩子的班级中，后来就有几个人成了世界级的大学者。

毋庸置疑，伊雷娜在这个特殊的学校中得到的助益是巨大的，在这里，居里夫人特意培养伊雷娜独立思考、敢于质疑权威的能力和品质，这对伊雷娜在科学道路上的探索和发展有着极大的帮助。

一天，著名物理学家郎之万在给孩子们上课时笑着说："我们知道，如果在一只盛满水的鱼缸里，放入有一定体积的物体，被它所排挤的水就会溢出缸外。我提出的问题是，为什么放入同等体积的金鱼，水却不会溢出呢？"

这真是一个有趣的问题！孩子们立刻各自发挥丰富的想象力，做出各种猜测，然后七嘴八舌地抢着回答。但对孩子们的解释，郎之万都微笑着一一否定。这时，伊雷娜也陷入了苦苦的思索。

回到家里，伊雷娜仍然百思不得其解，她只好去问妈妈。当她把事情的原委说完后，居里夫人流露出会意的神色。她放下手中的工作，开始认真地和女儿讨论起这个奇怪的问题来。

居里夫人没有急于正面回答她的问题，而是很有兴趣地问："同学们是怎样回答的？"

"一位同学说，金鱼的肚子很大，它把水吸到肚子里去了。"

"她的回答正确吗？"居里夫人的态度很认真。

"不对！"女儿不假思索地继续说，"还有一位同学说：'金鱼身上长满了鳞，它把水藏在鳞片下面了'"。

"他答得对吗？"

女儿理直气壮地说："金鱼的鳞片根本张不开呀！"

"那么，你自己是怎样想的呢？"母亲很想听听女儿的见解。

"我实在想不出，"女儿皱着眉头，无可奈何地叹口气，"妈妈，你说到底是为什么呢？"女儿把期待的目光投向母亲，她深信，博学多识的妈妈一定能够轻而易举地把谜底揭开。

母亲认真地想了一会儿，然后说："你既然想不明白，为什么不亲手试一下，看看究竟是怎么一回事呢？"女儿立即跑去找来鱼缸，做起试验来。她先在鱼缸注满水，然后小心翼翼地放入一条金鱼，眼前的景象使她简直不相信自己的眼睛——金鱼在水中欢快地游来游去，也有水溢出缸外，缓缓地沿着桌面淌到地上……她抬起头，迷惑不解地望着妈妈，妈妈意味深长地笑了。

单纯幼稚的孩子不明白科学家伯伯为什么要开这样的玩笑。第二天，伊丽娜又见到了郎之万伯伯，便有些不高兴地说："您为什么给我们出错误的题目呢？"郎之万没有回答孩子的质问，他用诙谐的语气反问说："难道科学家提出的问题就一定是正确的吗？"

聪明的伊丽娜眨眨眼睛，似乎明白了郎之万叔叔的用意。

上述这个例子中，居里夫人没有直接给孩子问题的答案，而是通过启发和引导，让孩子通过实践去寻求解惑的方法，这对培养孩子独立思考的能力和创新意识是有效的。如果父母把一切事情都安排得十分妥帖周到，没有什么事需要孩子自己去考虑，去想办法，去解决，去处理，长此以往，就会抹杀孩子勤于思考与灵活处理事务的能力。学习上一味死记硬背，也会限制孩子思考能力的长进。有的孩子学习成绩还可以，可是一旦跳出了教学大纲，或碰到一道没见过的题目，哪怕不太难，也会束手无策，不知从何下手。也就是说，他们只会记住答案是什么，而不会思考。这种学习情况，小学时还能对付，以后就会越来越困难。

让孩子学会独立思考，这是进一步学习所不可缺少的条件。父母在与孩子相处与交谈中，要给孩子提出自己想法的机会。父母可根据交谈内容经常发问，例如，"你觉得怎么做会更好？"、"这两者有什么关系？"、"结果会怎样？"等，这样就可以给孩子留下思考的余地，也便于孩子自己去发现错误、纠正错误，绝不能因为孩子的问题出错而抹杀了孩子探求疑问的积极性，让其丧失独立思考的动力。

爱提问题是许多小孩子的天性，对于年幼的孩子，父母大都能够轻松地回答他们提出的问题，但是，随着孩子知识的积累，思维方式的变化，难免会提出一些父母知识水平之外的问题。这个时候，父母很可能给不出一个准确的答案，但一定要鼓励孩子思考，引导他们自己去寻找答案。

弗洛伊德家训：对孩子要宠爱，但不要溺爱

弗洛伊德家族是犹太人。弗洛伊德·西格蒙德是奥地利精神科、神经科医生，精神分析学派的创始人。弗洛伊德在中学时代就显示出非凡的智力，成绩一直名列前茅，17岁考入维也纳大学医学院，1876年到1881年得到著名生理学家艾内斯特·布吕克的指导。1881年开办私人诊所，担任临床神经专科医生，后来成为著名的心理学家。主要著作有：《歇斯底里研究》、《梦的解释》、《性欲三论》、《论无意识》、《自我与本我》、《焦虑问题》、《自我和防御机制》等。

在弗洛伊德小时候，母亲阿米莉总是一大早就起床了。弗洛伊德两岁时，有一次，阿米莉自己梳洗过后，过来看她的宝贝。她一进来，就看见弗洛伊德眼睛睁得老大，看见她进来，眼珠骨碌碌转动，像在打什么主意。她爱怜横溢地过去，紧紧地亲了一口他的小脸蛋，说："早上好，我的小宝贝！""早上好，妈妈！"弗洛伊德说着，却没有从被子中伸出手来抱着妈妈的脖子，还将被子紧紧压在身上。阿米莉一看就明白了，微笑着说："我亲爱的宝贝，不要紧的，妈妈给你换新衣。"弗洛伊德红了脸，没作声，阿米莉转身拿来了干净的小短裤，揭开被子，看见那短裤整个都是湿漉漉的，连被子都湿了一大片。她一点也没有生气，只忙着给儿子更衣。

父亲发现弗洛伊德还在床上撒尿，非常生气，对妻子说："这孩子长大肯定没有出息！"他的眼睛可怕地瞪着儿子，把弗洛伊德瞪得心发慌，

但他并没有打儿子,而是转过身,生气地走出去了。弗洛伊德站在床上,好一会儿没说话,看着弓着腰忙碌的妈妈,突然说:"妈妈,等我长大了,成为大人物了,我要给你买一张很大很美的新床来赔你。"

阿米莉抬起头来,看见弗洛伊德脸上的表情十分认真,感动得伸开双臂,紧紧地抱着儿子,止不住落下泪来。"我亲爱的弗洛伊德!"她喃喃地说。

晚上的时候,阿米莉要求要和丈夫好好谈一谈,丈夫答应了。阿米莉诚恳地对丈夫说:"我是宠爱孩子,但你放心,我绝不会溺爱他,我会把握好度的。"

弗洛伊德脸懂事以后,也发现自己的母亲非常宠爱自己,但当自己犯了过错的时候,母亲从不姑息迁就,而是狠狠地批评自己。

弗洛伊德共有六个孩子。他秉承了母亲教育孩子的家训:"宠爱但不溺爱",最小的女儿安娜·弗洛伊德后来也成了一位著名的精神分析学家。他的孙子吕西安是"当时的英国最伟大画家",还被英国人誉为"世界最伟大的现实主义画家"。

爱是人间的至甘美味,也是孩子成长中最有力的滋润剂。父母无尽的关爱,使孩子健康活泼;父母细心的照顾,使孩子自信成长。弗洛伊德的母亲缔造了儿子的成功,正是母亲无时无刻的爱才建立了弗洛伊德的自信心。因为他相信无论发生什么事情,都有母亲无微不至的爱支持着他。

"爱要绵延不断,爱要用行动表示。"孩子总是朝着父母喜爱的方向去做,在学习与成长的过程中,父母就是最好的协助者。成功的父母,应该是勇敢而充满智慧的舵手,不断引导孩子在幸福愉快的生活中缔造希望,实现梦想。

当孩子高高兴兴地向你炫耀成就时,你是不是很专注地倾听,并表示赞美、肯定与鼓励?一点及时雨般的赞美,会让孩子的责任感与自信心茁壮起来。一句"好乖!"、"好棒喔!"、"好能干耶!"就能使孩子雀跃半天。聪明的父母，请别忽视它的威力与功能。

有个小女孩，刚上幼儿园时很不合群，别的孩子在一旁玩游戏而她却孤独地坐在墙角，双手抱着双脚，用呆滞的眼神看着同龄的孩子们在享受快乐。发点心时，当别的孩子高兴地蜂拥而上，而她却从不理睬，似乎对点心毫无兴趣。老师觉得她与其他孩子不太一样，于是叫来了她妈妈，把小女孩在幼儿园的表现说给她听，并发表了见解。妈妈很难过，但面对站在门口等待她的孩子，妈妈马上收敛了难过的表情，蹲下来对小女孩讲："老师说你很听话，说很多小朋友想和你玩，想向你学习。"小女孩听了高兴地笑了。从此以后，就可以看见那一群快乐的孩子中有她的身影。

孩子如果长期得不到或很少得到别人尤其是父母的爱，长期处于孤单、寂寞、失望的境地，不但不能健康成长，而且还会造成心理变态、人格不健全、人性扭曲等不良现象，严重的还会在将来导致犯罪行为的产生。心理学家通过对孩子成长的观察和研究，得出了这样的结论：在孩子成长的过程中，最为需要的，不是人们普遍认为的充足的食物，而是爱与关怀。

用宽容、友爱的态度对待孩子，有利于培养孩子自信、自尊的人格。聪明的父母在日常生活中的每一个细节，都可以给孩子提供参与和表现的机会。无论结果怎样，父母总是充满爱心地给予认可和赞许，在这样宽松的环境里，孩子就会变得开朗活泼，勇于创新和自信。

用爱建立自信，要求父母给孩子以恰当的期望。

要给予恰当的期望，首先要对孩子有真挚的爱。真爱是什么？真爱的就是关怀、理解和尊重。它用情感的音符去感召孩子，教育孩子；它拒绝娇纵，崇尚理智；它放弃嘲弄，拥抱信任；它唾弃暴力，钟爱真情；它不用父母的权威去打骂孩子，也不以附着名次的考试成绩去压迫孩子。用真爱去期望孩子，孩子会更有上进心；用真爱去教育孩子，孩子会更有人情味。但是，有的父母从孩子上学的第一天开始，就向孩子灌输光宗耀祖、出人头地的价值观；有的父母一味严格管教、天天督促，不听话就打，不进步就骂；有的父母对孩子的学业关心有加，可对孩子的心理素质、品德修养很少过问。这正是非真爱的悲剧的根源。一份调查发现，25%的父母对孩子学习以外的关心极少，而58%的孩子认为父母与自己的沟通很少。没有真挚的期望是冷漠无情的苛求，没有真爱的期望是缺乏感召力的奢望！

给孩子恰当的期望，最重要的是要注意期望的"度"。期望过高，很少或者没有实现的可能性，不但无益，反而有害；心理学研究表明，期望过低，孩子意识到父母对他期望很少，孩子的自尊心会受到严重的伤害。因为，孩子在努力的过程中，享受不到实现父母期望的快乐，父母也感受不到子女的成功，这样大家都会因失望而丧失行为的动力。再者，过高的期望会加重孩子的心理压力，不利于孩子的心理健康。

一个健康的孩子，不仅要有健壮的体魄，而且还要有健康的心灵。但现在的情况却是，父母对孩子身体的健康都非常重视，而对孩子心理的健康却忽视了，有的父母在教育孩子时，常常违背了心理健康发育的规律，以致使孩子心理变态。

经常粗鲁训斥，则会使孩子产生懦弱焦虑、自卑自怜、孤僻独处等心理，而过分地迁就溺爱，往往导致孩子产生骄傲放纵、狂妄自大、娇弱任性、过于稚气等心理。因此，父母在教育孩子时，要注意方法，正确引导孩子的行为规范和是非观念。要克服和纠正孩子心理上的弱点，千万别采用强制的、粗暴的方法，要采用耐心说服和暗示提醒的方法。因为，强制的、粗暴的教育方法有损于孩子的自尊心，使幼儿的心灵受到压抑，妨碍其心理的健康发育。

父母对孩子要做到爱而不溺，应注意以下几点：

（1）要正确对待孩子的要求

人都是有需求的，而且是多方面的，往往也是没有止境的。对孩子的需求要具体分析,要以家庭的实际经济状况和有利于孩子的身心健康为前提,不能百依百顺,有求必应。过分地满足孩子的需求容易引发孩子过高的欲望,养成越来越贪婪的恶习。一旦父母无力满足其需求时,势必引起孩子的不满,致使其难以管教。当其欲望强烈而又得不到满足时,就容易走上邪门歪道,这是父母需要注意的。对孩子的合理要求,要尽量给予满足。如孩子要求给买一些有利于增长知识、开发智力、丰富精神生活的儿童书画及必要的生活、娱乐用品,一般应给予满足。如果父母一时难以办到时,应向孩子说明理由。在教育孩子时,父母既要积极为促进孩子身心健康的成长创造条件,也要教育孩子注意节约俭朴,防止养成挥霍浪费的不良习惯。

(2)要有理智、有分寸地关心爱护孩子

既要让孩子感到父母真挚的爱,使其感受到家庭的温暖,激发其积极向上的愿望;又要让孩子关心父母和其他家庭成员,同时还要逐步要求孩子做一些力所能及的自我服务性劳动和家务劳动,这不仅有利于培养孩子热爱劳动、关心集体的品德,而且也有助于培养孩子的智力和自理能力。

父母要懂得,过分夸奖孩子,将会助长孩子的虚荣心;过分地给孩子打扮,将会影响孩子的审美观;过分地宠爱孩子,将会使孩子目中无人,甚至连自己的父母也瞧不起。

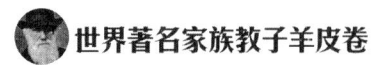
世界著名家族教子羊皮卷

野口英世家训：不要让人瞧不起

野口英世是生物学家，日本细菌学创始人。生于日本福岛县翁岛村一个普通家庭，1897年在东京一家私立医学院济生学舍学习，后在北里传染病研究所任职。1900年赴美国宾夕法尼亚大学，在S.弗莱克斯纳指导下研究蛇毒。1904年到洛克菲勒研究所从事螺旋体研究。1912年在美国获医学博士学位，1918年赴厄瓜多尔研究黄热病，1928年因感染黄热病而去世。曾被推举为诺贝尔医学奖候选人，深被世人尊敬。

由于受父亲的影响，野口英世的儿子也像父亲一样，终生致力于医学的研究工作。

野口英世两岁那年，母亲外出挖野菜，野口英世睡觉醒来爬上炉子，左手被沸水烫伤。家中没钱医治，靠着邻居送来的一点草药和母亲的精心护理，他才脱险，但左手成了残废。看着儿子伤残的手，母亲心痛地说："你长大以后不能干农活了，妈妈再苦也要让你读书。"

7岁那年，野口英世上学了。由于家里穷，左手又有残疾，他在学校常常遭到富人子弟的戏弄，那些孩子在大庭广众下叫他"残废人"，野口英世内心受到打击，再也不愿意去学校。早晨，他背着书包走出家门，走进树林里，玩上半天，中午回到家里，还装样子做功课。终于有一天，逃学被母亲发现，母亲大发雷霆："人家越是瞧不起你，你越是要在学业上争口气，让他们看看。"野口英世从来没有见过母亲发那么大的火，他理解母亲的痛苦，从此下决心发奋读书。但随着新开课目的增多，他那伤残的左手越来越觉得不便,影响了生活和学习,他为此十分苦恼。他在一篇作文中写道:"别人都不知道伤残的左手给我带来多少痛苦,每当我看见这只像松树疖样的左手,就感到悲哀。有这样一只手,我再努力也不可能跻身优秀人物的行列。可一想到为我含辛茹苦的母亲,我又暗下决心,无论如何也要成才。"这一次他的作文意外地得了100分,那天他没有被欺负。他的成绩也开始突飞猛进,终于取得了全班第一的成绩。

野口英世读小学四年级时,结识了一个好朋友叫代吉。他常把自己的书本、铅笔送给野口英世用。野口英世家里穷,买不起灯油,晚上就去代吉家里学习。每次都是代吉支撑不住先上床睡觉。一次,代吉一觉醒来,见野口英世还在看书,就催他睡觉,野口英世回答:"没关系,拿破仑不是只睡了3个小时吗?"从此,野口英世养成了一种睡觉晚、睡觉少的习惯。功夫不负有心人,野口英世的学习成绩越来越好。不久,他以优异的成绩考进了高小。

这个身材短小、勤奋好学的学生很受教师和同学们的喜爱。老师和校长都被他的刻苦努力所感动,希望他成为世界伟人,并集资送他到医院做手术。手术获得成功,僵硬的左手终于可以活动了。从此医学的魔力吸引了他,他突然萌发出一个念头——学医,要用自己的本领为病人解除痛苦。

为了让野口英世继续接受高小以后的教育,母亲拼命地干活赚钱。母亲白天干农活,晚上还要织布,深夜到湖里捞虾,冬天去干男人才干的体力活。

立志做医生的野口英世有一天突然从镇上跑回家,原来,他那残疾的手不便于使用显微镜,这让他失去了准备考试的信心。母亲严厉地批评他说:"我多次和你说过,你虽然残疾了,但不要让别人瞧不起。就连达摩都要在石头上坐三年才能完成修行。你修三年还是几年我不管,回去继续准备吧,今天不要进这个家门!"野口英世流着泪走了。

在野口英世年幼时，几乎所有的人都认为：野口英世是一个残疾人，成不了什么事业的。面对来自方方面面的讥嘲与蔑视，野口英世的母亲仍然坚持自己的意见，并多次鼓励儿子，强调虽然残疾但不能叫人瞧不起。

为了掩饰自己身体上的缺陷，少年时期的野口英世总是逃避现实，意志脆弱。可是越是如此，嘲讽却越猛烈，给野口英世的心灵蒙上了阴影，他变得没了生气。为了抚慰孩子受伤的心灵，关键时刻，母亲为他擎起了一片蓝天。母亲每天辛苦劳作，并时刻鞭策鼓励他，给了他极大的信心和勇气，也成了儿子强有力的心理依靠，有了母亲的鼓励和支持，野口英世每天都沉浸在知识的海洋里，通过自己的努力，最后成为一位受人尊敬的医学家。

孩子是脆弱的，我们不仅要有一颗爱心，更重要的还要有一份耐心。心灵受到伤害的孩子，大多精神颓废、沮丧，万念俱灰，感到前程无望。这时候，孩子最需要的是温暖、关爱、呵护与鼓励。

孩子经受的任何一次挫折都是对孩子的承受力进行培养的绝好机会，父母如何对待孩子的疾病与挫折，将影响孩子一生对待挫折与伤痛的态度。

孩子们对大人的态度是很敏感的，即使这种态度没有表达出来。所以，我们如果对孩子怜悯，他们就认为自己更应怜悯自己。如果孩子为自己难过，他们的不幸就更严重了。他们不是面对困境，想办法挽救，而是依赖别人的怜悯，等着别人来安慰。在这个过程中，孩子就会逐渐失去勇气和解脱困境的意愿。

相对于鼓励，怜悯对孩子是有害的，即使这种怜悯无可非议，是可以理解的。当孩子遇到不顺心的事情时，如果我们经常对他们表示怜悯，认为他们真是可怜，以后再遇到了这样的事情，他们会认为自己理所当然应受到安慰和补偿，生活欠了他们一笔债，母亲或其他的人应当来偿还。这样在面对生活中的困难和挫折时，他们不是面对困境，想办法克服，而是坐以待毙，或向他人转嫁自己的苦恼。最糟糕的是这种挫折在情绪上的反应会不成比例地加大，一个小小的挫折，孩子感受起来就像他的整个生活都被破坏损伤了一样。

在生活中我们会遇到一些身有残疾的孩子，真正能使他们活得充实、自信的家庭并不多。成功地救助自己的残疾孩子是每个父母的美好愿望，而实现它却不是一件容易的事。

对于身体有残疾的孩子，父母或其他成人自然会生起怜悯之心，但是它容易给孩子带来更大的心理负担，为自己的处境担忧。事实上，孩子们从本性上是有足够的毅力和勇气与困难搏斗的，他们要用奋斗来弥补自己的缺陷。这就是为什么专业医护人员并不事事呵护，而更注重精神上的鼓励。虽然这常常被不理解的父母认为是冷酷，缺乏爱心，但却使孩子受益匪浅。

孩子们的生活还有很长的路途要走，做父母的都希望他们能幸福健康地生活。如果身体上的缺陷无法弥补，但他们有强健有力的精神支柱，健康的心理，战胜困难的毅力与决心，不自怜自惜，可以想象这样的孩子成长起来后，会比在父母怜悯下成长起来的孩子要有能力和幸福得多，父母对他们的爱的意义也表现得要深远得多。

第三章
智慧

陶行知有句名言:"谁若小瞧小孩子,他就比孩子还要小。"所以父母对孩子要高看一眼。尊重孩子,尊重他们的智慧,和他们一起探索、前进,这样孩子就会感到心情舒畅,可以不受限制,把自己的聪明才智贡献出来。正所谓"自古英雄出少年"。

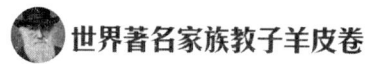
世界著名家族教子羊皮卷

郑板桥家训：要明理，做个好人

郑燮字克柔，号板桥，江苏兴化人。乾隆年间中进士，曾先后任山东范县和潍县知县，以善行仁政为当时人所称道。后来他弃官归扬州，以卖画谋生。他的书法、绘画皆佳，又好赋诗，被称为"三绝"，又是有名的"扬州八怪"之一，所画兰竹，见者无不叫绝。

郑板桥的想法，就很有些"怪"。他自己是个"七品官"，却认为中进士、做官"是小事"，教育儿子的目的是"第一要明理做个好人"。什么是"好人"呢？是对待家里佣人的儿女"当一般爱惜"，因为他们"总是天地间一般人"。假如用今天的话来解释，就是教他的儿子不要有"优越感"，不要搞"特殊化"，不要以为"高人一等"。

郑板桥是"康熙秀才"、"雍正举人"、"乾隆进士"，是清朝集诗、书、画"三绝"于一身的艺术家。虽也一度做过两任县令，但终因性格的孤傲和怪僻不为官场所容。1753年，郑板桥61岁，因为民请赈触忤上司而被罢官，从此结束自己12年的为官生涯。此后在扬州卖画为生，乾隆三十年（1766年）十二月，终于走完了他坎坷曲折的人生之路，病逝于兴化城内升仙荡湖畔拥绿园中，享年73岁。

郑家人丁不旺，而郑板桥又是长房长孙，自己也子息艰难，直到他52岁时，继室饶氏才为他生了一个儿子。因为当时郑板桥正是县令，家中有田三百亩，在那时算得上是一个中等水平的地主了，他的儿子因此也可以算是"富贵人家"的"爱子"了。但郑板桥的爱子之道，和普通大众不同,很有自己的独特之处。这种独特从他在山东潍县做知县时写给他弟弟的两封信中就可以清楚地看出来。

我们先来看看郑板桥的两封家书。

《潍县署中与舍弟墨第二书》:

余52岁始得一子,岂有不爱之理!然爱之必以其道;虽嬉戏玩耍,务令忠厚悱恻,毋为刻急也。……我不在家,儿子便是你管束,要须长其忠厚之情,驱其残忍之性,不得以为犹子(侄儿)而姑纵惜也。家人(家中的佣人)儿女,总是天地间一般人,当一般爱惜,不可使吾儿凌虐他。凡鱼飧果饼,宜均分散给,大家欢嬉跳跃。若吾儿坐食好物,令家人子远立而望,不得一沾唇齿,其父母见而怜之,无右如何,呼之而去,岂非割心剜肉乎!夫读书中举中进士做官,此是小事,第一要明理做个好人。

《潍县寄舍弟墨第三书》:

富贵人家延师傅教子弟,至勤至切,而立学有成者,多出于附从贫贱之家,而已之子弟不与焉。……或百中之一亦有发达者,其为文章,必不能沉着痛快,刻骨镂心,为世所传诵。岂非富贵足以愚人,而贫贱足以立场而浚慧乎?我虽微官,吾儿便是富贵子弟,其成其败,吾已置之不论;但得附从佳子弟有成,亦吾之大愿也。

从信的内容,我们可以看出,郑板桥的爱子之道至少包含以下几点超凡脱俗的地方:

(1)爱孩子是人之常情,但爱孩子至关重要的一点,是培养孩子的忠厚之性、怜悯之心,努力帮助孩子克服心胸狭窄、性格急躁的毛病和残忍不仁的性格。这种培养,一定要从小做起,在孩子日常生活的"嬉戏玩耍"中贯彻落实。当时郑板桥家中有佣人,所以他就特意强调,不管是主人的孩子,还是佣人的孩子,在人之为人的根本上是没有什么差别的,因此他严禁自己的孩子依仗"权势"欺凌、虐待佣人的孩子。

郑板桥还从人之常情的角度来进行分析,例如孩子的饮食和零食,应该所有在场的孩子都人见有份。如果只分给主人的孩子，而让佣人的孩子在一边眼巴巴地看着，那佣人的心里肯定不好受，感觉肯定就像"割心剜肉"一样！更重要的还在于，父母在饮食和零食分配上的"不公"，其实是对孩子"残忍之性"的培养和助长，最终真正受害的、也是受害最大的，不是吃不到"好东西"的人家的孩子，而恰恰是吃着"好东西"的自己的孩子！

相对于孩子长大后的中举人、中进士、做官这些"小事"来讲，从小时候就培养孩子通达人情事理，并具有恻隐之心，则是要显得重要得多的大事！

（2）富贵人家邀请好的老师教授自己的孩子，可谓是报了极其殷切的期望的。但最后能够学有所成的，却往往是那些来陪读的贫贱之家的孩子，主人的孩子倒不一定能学出个什么名堂来；而即使有些主人家的孩子有学业优秀，并后来在社会上发达成名的，他们写出的文章，也总让人觉得不够诚挚感人。那么，这种情况是什么原因造成的呢？孩子是无辜的，该负责任的是他们的父母。有些父母一味地在物质生活上给孩子所有能够给予的满足，使他们在进取心上失去了锐志，同时也使他们丧失了更深刻地体会生活和生命中的各种滋味的机会。反倒是那些饥寒交迫的贫苦人家的孩子能够珍惜学习的机会，把自己的潜力和智慧比较好地发挥出来。因此，郑板桥认为，如果生活中一点也不让孩子感受必要的磨难，那么父母即使抱了再殷切的期望，做出了再多的努力，也不能使孩子成才。

（3）在孩子的成长过程中，父母应该为孩子做出应有的付出，但孩子最终能不能成才，父母也应该抱有一颗平常心。这样一种平常心既有利于孩子真正的健康成长，也有利于大人过好自己的生活。

（4）如果自己的孩子能够健康成长、顺利成才，做父母的自然都很高兴，但如果能在帮助自己孩子的同时，也为别人的孩子提供一些力所能及的帮助，并且这种帮助最终帮助别人的孩子也成了才，这同样是一件值得高兴的事情。因为这种助人的本身也是对孩子进行品德教育的最好示范。

从郑板桥这些家书中所表现出来的家教观，可以看出他对家庭教育的理解是比较深刻的。也正是基于这样一种深刻的理解，才使他把立身成人的教育放在首位，并表现出"爱人子一如爱己子"的博大父爱，同时也表现出他对"富贵误子"的深深戒惧。

在他的影响和熏陶下，女儿在诗画方面也达到了相当水平。

郑板桥52岁得子，对于儿子的钟爱之情是不言而喻的，但在实施爱的过程中仍表现出睿智的科学态度，由此可见，"难得糊涂"的郑板桥在家庭教育方面则表现出了"难得"可贵的不糊涂！

郑板桥作为一个封建社会的官吏，能够在做官与成人的关系上毫不含糊地提倡"先成人"，比那些光想着扬名立威、光宗耀祖的庸官腐吏不知要高明多少倍。而我们提出的"学会做人"，是要孩子们学做文明人、现代人、崇高的中国人。我们抓"养成教育"，制定"养成规范"，培养孩子的公德意识、环境意识、劳动意识、自我管理和自我教育意识等，比起郑板桥教诲孩子不歧视穷人家的孩子、不许凌辱他人、要尊敬师长等又有了一种质的飞跃。

郑板桥爱子不溺子，要求孩子从"明理"到"学做好人"。我们提倡"先成人后成才"，从细小事情入手抓"养成教育"，是为了把下一代培养成有理想、有信念、讲奉献的中国人。其实，道理是等同的，只是说法不一样而已。

人首先的是要做人，而做人的首要就在于读书，正如吴兢在《贞观政要·崇儒学》中所说，虽然上天给予了人好的品性和气质，但必须博学才能有所成就，这就像大蛤本性含水，要等月光照射才喷出水来；木材本性包含火的因素，要靠发火的工具才能燃烧；人的本性中包含着聪明灵巧，要到学业完成时才能显出出美的本质。人不教化何以成人？人不学习何以做人？个人如此，社会亦是如此。

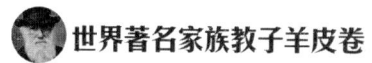

梁启超家训：一个人要有责任感

梁启超是中国近现代史上著名的政治家、思想家和教育家，是"戊戌变法"运动领导人之一，还参与领导护国战争，加速袁世凯帝制的灭亡。历任民国政府司法总长、币制局总裁、参政院参政、清华大学国学研究院导师、京师图书馆馆长等职。遗著有《饮冰室合集》148卷。

在20世纪20年代风云变幻的中国，梁启超始终注意把握孩子们的前途，以自己超人的智慧、广博的知识和卓越的远见，对孩子们进行言教和身教。他精心培养每一个心爱的孩子，不仅努力培养他们成为有学问的人，还要他们成为有高尚品德、对社会有用的人。

"人活精神"，作为一个爱国思想家，梁启超着力培养孩子们的爱国主义精神。孩子们小时候，他常常让孩子们围坐在小圆桌旁，一边怡然自得地喝着酒，一边绘声绘色地讲中外历史上爱国英雄的故事。他通过面对面的谈话和书信，传递对孩子们的情谊，和他们平等地讨论国家大事、人生哲学，讲解治学的态度，做学问的方法，也向他们倾诉生活中的苦乐悲欢，将做人的道理融入其中。他告诫儿女："生当乱世，要吃得苦，才能站得住（其实何止乱世为然），一个人在物质上的享用，只要能维持着生命便够了。至于快乐与否，全不是物质上可以支配的。能在困苦中求出快活，才真是会打算盘哩。"他严于律己："我自己常常感觉我要拿自己做青年的人格模范，最少也要不愧做你们姊妹弟兄的模范。"

梁启超的政治热望和人文取向深刻地影响了他的儿女们。梁家涌现出数位学者、专家，并且无一例外地"学而优则仕"，其力量源泉显示出自其一以贯之的社会责任感和对祖国文化的热爱。梁家的文化取向贯穿了中西并重思想。梁启超具有较好的国学根底，在青年时期即全面接触西方文化，眼界大开，这使得他的学术思想站在了时代的最前列。

梁启超不仅是孩子们的慈父，还是孩子们的朋友。他希望孩子们充分享受人生的快乐，但他不强求孩子们都和他一样，而是相信孩子们最终将走自己的路。这些子女经过梁启超的教育和影响，个个成才，各有所长。

梁启超的三个儿子：梁思成、梁思永、梁思礼兄弟三人同为院士，这在全国绝无仅有。

梁思成是梁启超的长子，中国科学院院士，国际著名建筑家，中国建筑学奠基人，费正清评价他是"中国古代建筑研究的祖师爷"，曾参与联合国大厦的设计工作，主持过中华人民共和国国徽设计，被誉为"国宝"之一。

梁思永是梁启超的次子，考古学家。

他1923年赴美国哈佛大学研究院攻读考古学及人类学。中华人民共和国建立后，任中国科学院考古研究所副所长。

梁思礼是梁启超最小的儿子，中国科学院院士，国际宇航科学院院士，曾当选国际宇航联合会副主席。梁思礼是火箭控制系统专家，导弹控制系统研制领域的创始人之一，是航天CAD技术的倡导者和奠基人，为中国航天事业作出了突出贡献。

梁启超之嫡孙，梁思成之子梁从诫，现任中国文化书院编译馆长，第十届政协委员。

梁从诫对自己的出身从来都很淡漠。他说，如果我从祖父和父亲身上继承了点什么的话，那就是一点信念：一个人要有社会责任感。

责任心是衡量一个人成熟与否的重要标准。一个缺乏责任心的人，当他遇到没有人能为他负责的时候，就喜欢哀叹自己的不幸，甚至抱怨生活的不公。

现在，越来越多的孩子缺乏责任心。当一件事情发生时，他们总是喜欢推卸自己的责任，埋怨他人。

那么，父母怎样才能让孩子学会承担责任呢？

众所周知，父母的包办会使孩子失去责任心，要培养孩子的责任心，父母就要在孩子的学习、生活中纠正孩子的不良习惯，让孩子学会自己的事情自己做。

家庭中要有明确的分工，父母应该分配孩子做一些力所能及的家务，当然在刚开始的时候需要父母对孩子进行检查和监督。特别是要明确地让孩子明白学习是他自己的事，不是父母的事。让孩子处理自己的事情，目的就是要克服孩子的依赖性，培养其独立性，也就是让孩子独立思考问题，独立解决问题，独立去处理自己应做的事。

孩子只有学会了对自己的事情负责，才能逐步地发展为对家庭、对他人、对集体、对社会负责。

当父母要孩子记住做某事时，与其经常提醒他，还不如让孩子自己记下要做的事情，这样孩子也会慢慢学会对自己的行为负责。

父母应该让孩子明白自己的行为会产生什么后果。只有让孩子懂得自己的行为将会产生什么后果，他才会对自己的行为负责。

在现实生活中，父母要试着把孩子生活中的每一项责任都放到他自己的身上，让孩子自己承担。比如，当孩子遇到麻烦的时候，父母应该说："这是你自己选择的，你想想为什么会这样？"而不要对孩子说："你已经努力了，是爸爸没有帮助你。"这虽然只是一句话，却反应出了你的观念。如果你无意中帮助孩子推卸了责任，孩子将会认为自己无须承担责任，这对他以后的人生道路是很不利的。

也就是说，不论孩子有什么过失，父母都应当让孩子承担责任，以便孩子能够正确认识自我，积极地进行弥补和改进。

一般来说，当你的孩子有了过失的时候，正好是教育的最佳机会，因为这个时候的孩子往往比较内疚和不安，他最容易记住：教训是深刻的。

如果父母出于爱子之心，对孩子的错误行为姑息迁就，把责任扛到自己的肩上，孩子就会失去责任感。

责任感是孩子前进的一种动力，缺乏责任感的孩子只会坐享其成，缺少钻研精神。许多孩子出生在幸福的家庭，由于父母望子成龙心切，一心想让孩子成才，便会心甘情愿、尽其所能替孩子做一切事，把孩子的责任扛到自己肩上。结果却是孩子缺乏奋发向上的愿望、缺乏责任心，这样的孩子是不可能成才的。可见，培养孩子的责任心是非常重要的。

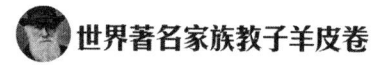
世界著名家族教子羊皮卷

李嘉诚家训：做人要有吃苦耐劳的精神

李嘉诚的祖先原为中原人士，因灾荒而南迁至福建莆田。后又因战火连绵不断而由世祖李明山带领全家迁至粤东潮州府海阳县，定居于潮州城内北门面线巷。从此李氏家庭同大批因战乱而南迁的中原人一起成了潮州各部落、各家族中的一支。李氏家庭可以说是书香世家，他的曾祖父李鹏万是清朝年间每12年选拔一次的文官拔贡之一，祖父李晓帆是清朝秀才。父亲李云经德高望重，致力于教育，曾先后在当地学校任教多年，并担任过校长。伯父李云章和叔父李云松也都从事教育工作。

李嘉诚，在几十年的艰苦创业中，白手起家，经过不懈的努力，成为祥光首富和全球超级富豪。在1987年，国际权威财经杂志《财富》曾估计李嘉诚拥有25亿美元的家产，名列世界第26位，李嘉诚荣登了"世界华人首富"的宝座。2003年，根据他的贡献，被美国安永会计师事务所与《时代》杂志联合评为"世纪企业家"，该荣誉是从15位对社会有巨大贡献的杰出企业家中挑选出来的。

作为华人首富，李嘉诚的成功无疑取决于他的自我拼搏和奋斗精神。除了这些自身的努力外，父亲李云经的影响是决不可忽视的。

李云经不仅教给李嘉诚知识，更教给他做人的道理：做人要真、要善、要有骨气、有毅力，要吃苦耐劳。

中国有句古话："有志者事竟成。"立志是一种自我警醒，是一个人成就自我最关键也是最初的一步。李云经非常赞成这个久远的观点，从小就教育李嘉诚做人要有骨气、有毅力。对于这些，李嘉诚从小就铭刻于心，终身不曾忘却。

有一次，李云经领着小嘉诚到了汕头的海边。他一边指着港口来往如梭的巨轮，一边给李嘉诚讲生活的道理。李嘉诚一边似懂非懂地听父亲讲述，一边好奇地看着蓝天下波光粼粼的大海，看着万吨巨轮。他简直弄不懂这深深的水，怎么可能稳稳地浮着这么大的船，而且还是铁的，他太佩服船长了。他认为能让这么一条大铁船稳稳地浮在海面上的人，一定是个大英雄。于是他向着大海，向着那艘万吨巨轮喊："爸爸，将来我也要做大船的船长！"

李云经疼爱地抚摸着他的头发，高兴地说："好孩子，有志气！阿诚，做一个船长不容易，他必须考虑很多、很全面的问题。"然后，父亲又极其认真地告诉李嘉诚，"你看，现在天气很好，是难得的晴天。但是，出海后风暴来了怎么办呢？做船长的，就要提前想到，就要提前做一切事情。而且，阿诚要记住，做任何事情就像做大船的船长一样，既要预先准备好一些事情，又要随时准备应付突然来临的一切事情。"

深受父亲的影响，船的形象，船长的意识紧紧地伴随着李嘉诚奋斗的一生。李嘉诚喜欢把自己的人生比做一条船，把他的李氏王国比做一条船，所以，他很自豪地宣布："我就是船长，我就是这条行进在波峰浪谷中的大船的船长。"

成功必基于理想，没有理想绝不能成功，譬如登山，先须存念头去登，然后一步一步地走上去，最后才会到达目的地。如果根本不起"登"的念头，登的事实自然无从发生。

一个人想要取得成功，只有立志还不够，必须具有吃苦耐劳、奋发向上的精神，李嘉诚令人钦佩之处就在于，他的首富地位不是父辈遗赠的，而是自己白手起家，靠拼搏和奋斗获得的。

在李嘉诚15岁的时候，疾劳过度的父亲就因肺病而离开了人间，没有给李嘉诚留下任何遗产，但是他从父亲那里获得了更重要的东西。正如李嘉诚后来所说："父亲是我一生中最崇敬的人，无论从知识上，还是从人格上，永远都给我一种鼓舞，一种激励。没有父亲的悉心培养，没有父亲的指导教育，我不可能有今天如此的成就，父亲给予我的是任何一种东西都无法衡量的。"

父亲去世之后，李嘉诚做推销员，边进修边工作赚钱养家。当推销员的日子，李嘉诚每天工作16至20小时，从没因香港战乱而放弃拼搏。早上九时上班前，他先到其他地区发掘新客户；人家喝下午茶，他继续工作，晚上，他又跑到工厂视察"跟单"。工作尽责勤奋，他开始有了自己的熟客。一次老板以营业额计算，派发年终花红，李嘉诚排在第一位，花红高出第二位七倍。正是有了这种不怕吃苦的精神，李嘉诚才得以成为世界华人首富。

虽然李嘉诚已经成为亿万富翁，但是，由于受父亲教导的影响，李嘉诚也非常注重培养孩子的自立自强和吃苦耐劳的精神。当自己的两个儿子李泽钜和李泽楷都以优异的成绩在美国斯坦福大学毕业后，想在父亲的公司里施展宏图，干一番事业，但李嘉诚果断地拒绝了："我的公司不需要你们！还是你们自己去打江山。"于是，兄弟俩去了加拿大，一个搞地产开发，一个去了投资银行，他们克服了难以想象的困难，把公司和银行办得有声有色，成了加拿大商界出类拔萃的人物。李嘉诚的"冷酷无情"，把孩子逼上自立、自强之路，陶冶了他们勇敢坚毅、不屈不挠的人格和品性。

之后兄弟俩先后进入李嘉诚的长实、和黄，并逐渐担任重要职务。长子李泽钜先后担任执行董事、副董事长、总经理等职，而李泽楷则在和黄工作一段时间后，出去另创电讯盈科，并在之后的收购战中一举成名。

日本思想家福泽渝吉说："教育就是授人独立自尊之道，并开拓躬行实践之法。"又如陶行知所说：让孩子出自己的力、流自己的汗、吃自己的饭才是英雄汉。然而，缺乏自立和吃苦精神是今天许多孩子的通病，过分的娇惯，使他们形成了等、靠、懒的消极心理。我们不少父母"心太软，对孩子的一切要大包大揽"，进行"一条龙"、"全方位"、"系列化"服务，饭来张口，衣来伸手，白天接送，晚上陪读，直至填写志愿，如同温室中的花朵，患了"软骨症"，见不了世面，经不了风雨，结果孩子难独立，这种现象着实令人担忧。

因此，如何克服孩子身上的这些致命的弱点，如何培养孩子的独立自主和吃苦耐劳精神，是当前家教面临的现实课题。从李云经对李嘉诚的教育中我们可以获得不少有益的启示。

社会竞争，绝不仅仅是知识和智力的较量，而更多的则是意志和毅力的较量，没有吃苦的精神和能力，是不可能在激烈的竞争中获胜的。各国父母普遍重视从小培养孩子的自理能力和吃苦精神。因为孩子将来面临的是市场经济社会，是一个处处充满竞争的社会，竞争要求每一个社会成员必须具备这种能力和精神。

爱孩子，就要把吃苦耐劳的思想注入孩子的头脑中，就应该培养孩子吃苦耐劳的精神，只有这样才能提高孩子的素质，才能增强孩子的生活能力，才能培养出将来他们面对社会的勇气。

荣氏家训：谨慎行事

2005年10月26日，中国国家副主席荣毅仁先生在北京逝世。这个百年家族的传奇人物，走完了他圆满的一生，像一页华章轻轻敲下最后一个休止符，旋律在这个秋天戛然而止。

从近代开始，荣家三代对中国经济的发展做出了巨大贡献。荣宗敬和荣德生兄弟创办的企业是中国民族企业的前驱；新中国成立后，荣毅仁支持中国政府的三大改造，对我国经济的发展起到非常积极的作用；改革开放以后，荣家第三代荣智健等人对中国市场经济、新兴民族企业的发展做出了重大贡献。

面粉大王、棉纱大王、红色资本家、中国首富，百年来，荣氏家族从来都不缺乏这样的王牌称号，他们在商场上的纵横驰骋，独领风骚，也逐步为他们在政治上赢得了较高的话语权。这一点尤其在第二代掌门人荣毅仁身上得到最充分的体现，从1957出任上海市副市长到1993出任国家副主席，荣氏家族在政坛的影响力可见一斑。

如今，荣氏家族已经有第五代了，除少数仍继续留在大陆，大都旅居海外，主要分布在美国、加拿大、澳大利亚、巴西、德国和港澳等地。

荣毅仁二哥荣尔仁的次子荣智宽，是巴西环球公司总裁，在巴西商界拥有崇高的威望，曾随巴西总统和外交部长多次出国访问。

"智字辈"大部分都步入老年，比较年轻的荣智健也已经62岁了。在中信泰富的管理层名单上，荣智健的长子荣明杰和唯一的女儿荣明方都名列其中，从中不难看出荣智健对两个子女的有意栽培。

荣智鑫之子荣文渊不仅是方正数码的执行董事，还控制着荣智鑫创立的浩荣、荣文等多个公司。荣智鑫的女儿荣文蔚则是香港社交界的名媛。

在荣氏家族中，荣毅仁这一辈健在的已经不多，比较活跃的只有荣宗敬的幼子荣鸿庆一个。现任台湾上海商业储蓄银行董事长的荣鸿庆24岁即赴香港经营南洋纱厂，在经营55年后把事业重心转向台湾，该厂则交由其子荣智权打理。

荣氏家族富过四代，其跨世纪的财富神话超越了中国传统的家族传承。

"固守稳健、谨慎行事、决不投机"，这是荣熙泰留给两个儿子的遗训。兄弟俩一直以这句话来警戒自己，并因此在商场上建立了良好的信誉，每当资金紧缺之时，沪上一些银行老板甚至会主动上门争相要求帮忙。

荣氏兄弟性格迥异，荣德生处事慎重，考虑周密，而荣宗敬则敢于冒险，做起事来很有魄力，在兄弟俩默契配合下，荣家企业扩张步伐在不断加快，渐渐地厂房就从华东铺向了全国各地。

1949年，国民党政权倒台前夕，荣氏家族内部出现了大震荡，这一年也是个分水岭，荣家由此走向低潮。国民政府在前一年推行币值改革和限价政策，不久就导致了严重的通货膨胀，引起抢购狂潮，上海经济渐趋瘫痪。

上海产业界人士纷纷迁资海外，寻求新的出路。1948年11月，荣宗敬的长子荣鸿元因套购外汇被国民党政府判处缓刑，后交了一百万美元才算了结，情绪一度陷入低潮，不久就将鸿丰二厂纱机及设备售与大安纱厂，他则去香港另设大元纱厂，最后远走巴西，1990年客死他乡。其弟荣鸿三、荣鸿庆和荣德生之子荣尔仁、荣研仁等也先后离开上海。

资金的外流，致使留在内地的荣氏企业元气大伤。这让荣德生气愤不已,"生平未尝为非作恶,焉用逃往国外?"在最后关头,荣德生和荣毅仁父子经再三斟酌决定留在大陆。

上海解放后,荣氏企业面临困难,不仅资金紧张,原料也供应不足,国家通过发放贷款、供应原料、收购产品委托加工等方法,对荣氏企业予以大力扶持,实现了新的复苏。荣德生父子加深了对共产党的信任感。荣毅仁在1954年向上海市政府率先提出将他的产业实行公私合营,这一举动为上海对私营工商业的改造工作起了积极带头作用,"红色资本家"的称呼由此得来。

智在于治大,慎在于畏小,一次深思熟虑,胜过百次草率行动,堤溃自蚁穴,细微可不慎。恭为德首,慎乃行基。谨慎是"不糊涂"的基础。一个处事谨慎的人,必然是头脑清醒的人,必然在大是大非面前不糊涂。人生在世,有招来灾祸的言语,有招来耻辱的行为,要建功立业,当然要格外谨慎。低调做人,虚心做事,慎而思之,勤而行之。远虑在先,就能近处无危。处顺境飘飘然,洋洋得意,遭挫折就怨天尤人,牢骚满腹,必定难成大器。"常在河边走,就是不湿鞋",看的是你的功力和定力,低下头的时候,也要学会抬头看看天。静观默察,心如止水,谦虚谨慎,则事易成。谨慎还是远离危险,确保安全的良方,靠谨慎比靠鲁莽更能制胜,只有谨慎,才能稳操胜券,所以,做人一定要问问你谨慎了没有。

人非圣贤,怎能无瑕疵,怎可无遗憾,要想面面俱到,全能全有,从古之今,未曾有之。但世间只有想不到的事,没有做不到的事。我是谁?我怎样如何做人?我能干什么?我做得怎样?我要到哪里去?在茫茫的人生旅途,我们必须时时问问自己,叮嘱自己,给自己亮起一盏心灯,磨砺自己,这样才能把人做好,把事做好。

盖茨家训：只有专注才能成就大事

比尔·盖茨的原名叫威廉·亨利·盖茨第三。这是和父亲相同的一个名字。他父母给了他一个"老三"的爱称。长大以后，盖茨也称"小比尔"，后来他主要用"比尔·盖茨"这个名字。

比尔·盖茨的父亲是律师，母亲是教师。比尔的曾祖父老威廉·亨利·盖茨是宾夕法尼亚人。他在19世纪80年代来到正在兴建的港口城市西雅图地区。1898年，当阿拉斯加发现金子时，老盖茨带着妻子和三个孩子搬到了阿拉斯加州西部的诺姆。三个孩子中包括比尔的祖父威尔。在这里，老盖茨做起了家具生意。

后来，年轻的威尔·盖茨——比尔·盖茨的祖父接过了生意。1925年，他的儿子威廉·亨利·盖茨第三出世，他就是比尔·盖茨的父亲。他早年就显示出盖茨家族家训所要求的天赋：做事认真专注。他和邻居家的孩子冲破重重困难，联合办了一份报纸。因其分类广告和体育栏目精确无误，而受到当地人的重视。后来他参了军，并把名字改为小威廉·亨利·盖茨。战后，他上了华盛顿大学，继续在那里学法律，后来成了布雷默顿的助理律师。

比尔·盖茨是威廉·亨利·盖茨的儿子，他接过上辈人传下来的接力棒，继续着盖茨家族的事业……

比尔·盖茨的确是一个天才。他13岁就开始编程，并预言自己将在25岁成为百万富翁。他是一个商业奇才，独具魅力的眼光使他总能准确把握

IT业的未来。独特的管理手段，使得不断壮大的微软能够保持活力。他的财富更是一个神话，39岁便成为世界首富，并连续13年登上福布斯榜首的位置。他是微软公司主席和首席软件设计师，而微软公司则是为个人计算机和商业计算机提供软件、服务和Internet技术的世界范围内的领导者。

比尔·盖茨是当之无愧的电脑金童，他创造了人类创业史上的不朽神话……

比尔·盖茨的成功之路是绚丽而神秘的，他的成功在于除了他具有似乎永远都在思考的聪明脑筋以外，还在于他继承了盖茨家族的家训：自主独立、充满竞争的意识，能够高度集中的注意力和极其充沛的精力。

比尔·盖茨从小就是个欢快活泼，而且精力过人。他极爱思考，一旦迷上某件事物便会全身心地投入。在他还很小的时候，父亲就隐隐约约地感觉到他很有天赋，并且有一种酷爱钻研的精神，因此父亲总是有意识地为他创造良好的学习环境和条件。

小学毕业后，威廉·盖茨在选择送比尔上私立中学还是公立中学这个问题上非常慎重。由于比尔·盖茨在小学是一名不太安分的学生，因此威廉·盖茨希望他在新环境中能养成良好的学习习惯，并遵守纪律。于是，在征求了比尔·盖茨的意见之后，父亲将他送进了一所环境优美、师资力量雄厚、纪律严明的私立中学——湖滨中学。也正是在湖滨中学，比尔·盖茨的数学天分得到了进一步的发挥，而且开始痴迷上令他今后倾注毕生精力的电脑。

比尔·盖茨在湖滨中学求学的日子里，一直按照自己的兴趣来对待学习。凡是他喜欢的课程，他就很下工夫，并且学得非常出色；反之，就一般性的应付。威廉·盖茨看了比尔·盖茨的成绩后，虽然知道儿子的某些课程还可以学得更好些，但他从不责备儿子，因为他知道，儿子不是不用功，只是不愿意在不喜欢的东西上浪费时间而已，他把自己的才智和心血都用在了刀刃上——他喜欢的数学和电脑上。

比尔·盖茨自幼酷爱数学和电脑，在湖滨中学是有名的"电脑迷"。保罗·艾伦是他最好的校友，两人经常在湖滨中学的电脑上玩三连棋的游戏。那时候的电脑就是一台PDP—8型的小型机，学生们可以在一些相连的终端上，通过纸带打字机玩游戏，也能编一些小软件，诸如排座位之类的，小比尔·盖茨玩起来得心应手，在程序上略施小计，就使自己座位的前后左右都是女生。1972年的一个夏天，年龄比他大三岁的保罗拿来一本《电子学》杂志，翻到第143页上，指着一篇只有十个自然段的文章，对比尔说，有一家新成立的叫英特尔的公司推出一种叫8008的微处理器芯片。两人不久就弄到芯片，摆弄出一台机器，可以分析城市内交通监视器上的信息，于是又决定成立了一家命名为"交通数据公司"的公司。不过，两位少年的游戏很快结束了。1973年比尔上了哈佛大学，保罗则在波士顿一家叫"甜井"的电脑公司找到一份编程的工作，两位伙伴经常会面，探讨电脑的事情，并于1975年共同创办了微软公司。

　　比尔·盖茨上哈佛大学后，更一发不可收，经常在电脑房通宵达旦地工作。有几次，盖茨告诉父亲，他想从哈佛退学与他人一道干电脑事业。尽管开始父亲极力反对儿子开公司，尤其是毕业以前，并且还请了受人尊敬、白手起家的一个著名企业家——斯托姆来说服儿子打消开公司的念头。但作为父亲，他也明白儿子不是厌倦哈佛，而是希望另有远大的前程。在理解了孩子的理想和事业后，威廉·盖茨最终还是尊重了孩子的选择。1977年他同意比尔·盖茨正式退学。此后，比尔·盖茨便全身心地投入到自己的事业中，为自己写下了引人注目的辉煌人生。

　　透过比尔·盖茨的成长经历，我们可以发现：盖茨最终的成功与他对事物持久的专注和热情是分不开的。如果没有他对数学和电脑痴迷的追求，那么今天的"电脑金童"及"世界首富"的历史可能将会改写。

　　专注是一种高贵品质，它决定着孩子的做事能力。作为父母，除了发现和挖掘孩子的天赋，并使之充分得以发展外，更为重要的是应该学会在教育孩子的过程中培养孩子的专注力。

其实，每一个孩子的头脑里都有专注的事物，只不过由于引导上的差异才导致了他们后天上的差异。孩子的好奇心都很强，可能对许多事物都会产生兴趣，但往往很难专注于某一事，浅尝辄止，结果可能一事无成。有些父母也存在浮躁心理，喜欢攀比，见别人的孩子学什么，也要让自己的孩子学，恨不得让自己的孩子知晓天下所有的知识、所有的技能、所有的特长。这使得孩子看起来什么都会，但却无专一之物，因此也就没有一技之长。

培养孩子的专注力十分重要。作为父母，应该知道孩子的专注力在哪里，并如何将它激发出来。

相信没有父母会不喜欢自己的孩子有更强的专注力，但究竟要怎样做才能培养孩子的专注力呢？

（1）以兴趣培养孩子的专注力

父母对孩子的管教方式如果太严，孩子就会丧失信心，也无法集中于某一件事物上了。所以，找出孩子的兴趣所在，并鼓励孩子多接触，这样就能增加孩子对一件事的注意力了。

（2）尊重孩子的游戏时间

孩子在游戏活动中，其注意力的集中程度和稳定性都比较强，因此，父母可以让孩子多开展游戏活动，在游戏中培养孩子的专注力。

（3）培养善始善终的习惯

让孩子做一些力所能及的事情。在做事情之前，父母应让孩子懂得做这件事情的目的，并引导其做事的兴趣；在做事情的过程中，孩子如果遇到困难，父母要帮助孩子锻炼克服困难的能力，使孩子具有一定的责任感。这样，孩子在做事情时注意力就会集中，并去克服一些小的困难。久而久之，就能培养孩子善始善终做完每一件事的好习惯。完成一件事的时候，父母要及时进行鼓励评价，孩子就会产生一种满足感、快乐感。

兴趣是最好的老师，因此也是产生和保持注意力的主要条件。人们在做自己感兴趣的事情时，往往会很投入、很专心，小孩子也是这样。孩子对事物的兴趣越浓，他稳定、集中的注意力就越容易形成。所以父母应注意培养孩子广泛的兴趣，并以此为媒介来培养孩子的注意力。他们的注意力在一定程度上直接受其兴趣和情绪的控制。因此，我们应该注意把培养孩子广泛的兴趣与培养专注力结合起来。

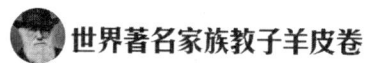
世界著名家族教子羊皮卷

歌德家训：你自己去想象吧

歌德的父亲约翰·卡斯帕·歌德是帝国议会的成员。歌德是德国古典文学最主要的代表人物，也是世界文学史上最杰出的作家之一。他在德国文学史上的狂飙突进运动、古典主义和浪漫主义三个阶段都有自己的贡献，他是德国历史上少有的长寿多产作家，他为人类文明留下了丰富的遗产。哲学家谢林说："歌德活着的时候，德国就不是孤苦伶仃的、不是一贫如洗的，尽管它虚弱、破碎，它精神上依然是伟大的、富有的和坚强的。"

歌德的母亲文学功底很深，平时喜欢给儿子讲有趣的故事。为了使歌德养成多动脑勤思考的好习惯，母亲从不一次性把故事讲完，而常常在故事讲到关键处有意停住，问歌德："你说以后该怎么样啊？你自己去想象吧！"母亲像老师给学生留作业那样，让歌德自己回去好好想象后面的情节，到底应该怎样才合乎情理。歌德对母亲留的作业，非常认真地去完成。晚上，他躺在床上，回想着母亲讲的故事，按照故事发展的脉络想象下去，设想故事发展的各种可能，做出各种各样的猜想。有时还同奶奶商量，直到想出一个自己认为满意的答案为止。第二天，母亲让孩子自己先说，然后再继续讲。有时歌德说得不尽合理，母亲就让他想想以后再说。

歌德在听故事的时候有时也中途插话："妈妈，公主不应该嫁给那个肮脏的裁缝，即使是他帮她杀了那个巨人。"母亲听了，心里很高兴，因为歌德已经学会动脑子了。

歌德丰富的想象力和构思能力就是在那时培养出来的。这位伟大的作家之所以能奏响壮丽的人生乐章，和父母对他进行有计划的多方面的早期教育，尤其是他母亲对他早期想象力的开发，有着密切的关系。

歌德也像他的母亲一样，非常重视对孩子的教育。

有一天，歌德发现儿子在纪念册上摘引了别人的一首诗：人生在这里有两分半钟的时间，一分钟微笑，一分钟叹息半分钟的爱，因为在爱的这半分钟中间，他死去了。

歌德看了很不满意，他认为这首诗太消沉，对人生的态度极不严肃。于是歌德写了一首诗赠给儿子：一个钟头有60分钟，一天就超了1000分钟，小儿子，要知道这个道理，人能够有多少贡献。

两首诗都用时间来做计算的尺度，但反映出两种不同的人生观。孩子摘抄的诗把人的一生只当做两分半钟，嬉戏人生，无所作为，稀里糊涂地打发日子。这对青年人来说，是多么可惜又可悲啊！歌德的诗，用一分钟作为时间单位来计划自己的一生，鼓励孩子要争分夺秒地学习工作和创造，要多为人类作出贡献。诗的主旨是珍惜人生，把握人生，奉献人生。我们如果能用分分秒秒来计算自己的一生，那不是时间的大富翁吗？怎么会哀叹人生只有"两分半钟"呢？

从歌德对孩子的"诗教"中，我们能受到许多启发。

歌德一生只有这一个儿子，在歌德的教育下，他的儿子成为了一位著名的诗人。

诗人、作家创作作品离不开"神思"，事实上一切伟大的创造性活动都离不开想象。在人的所有智力活动中，想象占有十分重要的地位。

如果一个人想象力特别丰富，那么他的思维肯定很活跃，他发明创造的能力也就很强。反之，如果一个人想象力极差，不能由此及彼，很难想象他会在其他领域有所突破。

即使是中小学生在学习各门课程中也都要借助想象力。没有想象力，就很难理解教材中的图形、图画，对教材中用描述方法表现的具体事物也很难知道它的具体样子；写作也不会有形象生动的描写。

可见培养孩子的想象力，不只是那些孩子在文学艺术上有所成就的父母的责任，它应成为每一位希望孩子未来有所成就的父母的责任。

古今中外的事例证实，凡是想象力发达的孩子，大都有强烈的责任感和好奇心，有学习研究的热情，也表现出顽强的意志力，而且勤奋乐观，还有较强的独立性和智力。然而，如何为孩子插上想象的翅膀呢？以下有几条建议可供参考。

（1）围绕故事培养孩子的想象力

想象以形象形式为主，但离不开语言材料。充满想象的童话和神话故事最能引起幼儿的遐想，年轻的父母经常给孩子讲故事，在讲故事时可以像歌德的母亲那样，讲完一段后，让孩子想象故事的发展，给孩子留出思考的余地和想象的空间；也可以将孩子编入故事当中，使故事的情节在他头脑中生动鲜活起来；还可抛开书本，将虚幻的想象空间与现实世界相联系，设置一些问题让孩子回答，让孩子参与进来，就可以激发他的思考和想象。在讲故事时循循善诱，创造各种机会，让孩子自己去想象，去补充，就可以大大激发孩子的想象力，胜过只是读一遍故事让孩子被动地听。听完故事后鼓励孩子述说和描绘自己的感受和所想。

（2）支持孩子参加课外兴趣小组活动

课外兴趣小组活动是驰骋想象的广阔天地。不论是音乐、舞蹈，还是天文、地理，每一种兴趣小组活动都有大量的形象化的事物进入脑海，而且需要进行创造性想象才能完成活动任务。这对于提高孩子的想象力十分有益。当孩子的兴趣小组成果得到展示或者获得表彰奖励时，他们的积极性会更高，想象力也会突飞猛进地发展。

（3）要丰富孩子的感性知识

使孩子头脑里充满各种事物的形象，这是孩子想象力发展的基础。因此，孩子生活内容越丰富，得到各类事物的形象越多，就越有助于想象力的发展。要有计划地带孩子进行参观、旅游等活动，启发他们认识自然事物和各种动植物。孩子在见多识广的情况下，就容易把各种事物的某些特点联系起来进行想象，而想象力就在这一过程中得到较全面的发展，这也是创造想象力的基础。

（4）在游戏活动中激发孩子的想象力

游戏是孩子的基本活动，玩具和游戏材料是引起孩子想象的物质基础。要多为孩子提供各种不同游戏材料和玩具，可促使孩子去做相应的游戏，产生相应的想象。

（5）肯定孩子的思维逻辑

大人是通过观察、记忆、思考而获得经验和知识的，想象活动也多为联想而非幻想，孩子的想象活动则更多的是幻想；大人的想象具有象征性，受知识经验限制较多，而孩子的想象则受个体性情感支配较多，具有表现性。我们不能以自己的逻辑来要求孩子；相反，要放下各种各样的框框充分给孩子以理解和鼓励。

为了孩子的未来，必须重视想象力的培养，当孩子的头脑插上想象的翅膀时，他会在生活的天空中飞翔得更高更远。

21世纪是开创人类创造力的世纪，将孩子培养成"创造开拓型"的人才，这是时代赋予教育的历史使命。我们应尽早为孩子插上想象的翅膀，激活孩子的想象力，培养孩子的想象力。

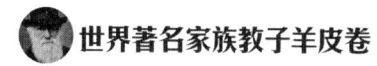
世界著名家族教子羊皮卷

海斯家训：学得越多，发现自己越渺小

海斯的祖先居住在苏格兰。传说，丹麦入侵英国打到苏格兰时，海斯的一个务农的远祖当机立断让孩子们埋伏在小路上，把种地的犁头拆开，用犁片当武器砍打敌人。丹麦人突然被犁片砍中，十分惊慌，看到海斯一家人这种誓死力拼的气概，以为苏格兰老百姓都起来援救英王了，赶忙停止前进，仓皇撤退，战局因而扭转，海斯家族也从此闻名。

海斯的一个名叫乔治的远祖于1682年踏上北美大陆。他的孙子是海斯的祖父，以铁匠为职业。海斯的父亲曾任弗蒙特的民兵队长，为人耿直，颇得人心。他原在当地经营一个店铺，1817年在"西部热"的影响下，携妻及子前往俄亥俄州的特拉华定居，以务农酿酒为生。但好景不长，先是经济萧条，家中收入减少，最后本人也因积劳成疾死去。两个多月后，即1822年10月4日，海斯才出世。

父亲去世后，海斯的舅舅伯查德把海斯一家接到自己家中。从此，海斯在舅舅的监护下成长。

虽然海斯的父亲去世比较早，但他的母亲对他进行了良好的教育。母亲的确是一位优秀的家庭教师，她年轻时爱读书、爱学习的习惯使她不逊于任何的专职教师。她很早就教海斯阅读、书写、计算，还培养他自己动脑思考的习惯。因此，母亲的教育非但没有耽误海斯的前程，反而给他未来的发展提供了助推力。

好学和勤思的习惯令海斯受益无穷。当母亲将他送到学校后，海斯立即脱颖而出，成为学校的佼佼者。谦逊品格也为他扫除了前进的障碍。他没有由于母亲的庇护而封闭自己，倒是继承了母亲的全部优点，为将来的发展打下了很好的基础。

母亲对海斯的教育之所以没有产生消极的后果，反而起到了推动的作用，主要是其好学的习惯和谦逊的品格。海斯虽然在学生时代也是"野心勃勃，梦想将来能荣华富贵"，但谦逊使他没有狂妄，而是一直保持着清醒的自我意识。因为清醒，他能认识到自己的不足，能用勤奋来获得自己想要的东西。后来，当海斯谈到自己的成长经历时说："我认为自己具有了不起的力量，但与此同时，我又非常满足于微不足道的现状和精神上的弱点。我曾经想象，在未来某个时候我能做很多事情，但是我学到的东西越多，就越觉得自己渺小。"如果这句话反过来说，更能体现其中永恒的真理：认识到自己的不足，才能学到更多的东西。

海斯后来正是将自己的这种感悟贯穿到教育孩子的过程当中，所以，他的几个孩子都有出色的表现。

海斯一生共有七子一女，萨蒂斯（伯查德）·奥斯汀·海斯是长子，他毕业于哈佛大学，先是做律师，后来开了一家专门从事税收和房地产方面法律问题的事务所。次子是詹姆斯·韦布（韦布·库克）·海斯，毕业于康奈尔大学。在父亲任职期间，做了他的机要秘书。

学习知识就是这样，学得越多发现自己懂得越少，就越能激发人的求知欲望。在浩瀚的知识面前，谁又能觉得自己不渺小呢？用爱因斯坦的话说，知识像气球，气充得越足，接触的未知空间越大。因此，先人才说："活到老，学到老。"这是一种学习态度的问题。

对待学习，相信每个孩子都有自己的想法。特别是现代社会，要求孩子涉猎的知识面很宽，加之父母强加给孩子的一些课外学习任务，使得很多孩子都不堪重负，甚至出现了厌学现象。

的确，现在孩子的学习任务是很沉重。但父母一定要教育孩子具有"活到老，学到老"的学习意识。因为只有通过不间断的学习，我们才可以获得知识，从而拥有某一方面的技能，进而为社会作出贡献，为自身创造条件。

我们人类在漫长的发展过程中积累了大量的精神财富，即使精通某一方面，也需要长时间的学习，所以，活到老学到老。

从自身来讲，学习也是对精神的充实，在学的过程中，我们会思考，在思考的过程中，人性会得到升华。在我们短暂的一生中，需要突显自己的价值。年轻时，学是为了理想，为了安定；中年时，学是为了补充，补充空洞的心灵；老年时，学则是一种意境，慢慢品味，自乐其中。

"活到老学到老"，平凡的一句话，乃是做人的大意境。

自己的所掌握的知识就像一个圆，里面是自己掌握的圆，外面是未知的世界，圆越大，接触未知世界的边缘就越大，所以掌握的知识越多就发现自己不懂的东西越多。你慢慢地成长，慢慢地积累知识，就慢慢地发现自己不懂的东西原来那么多。

范布伦家训：克服弱点，发挥优点

马丁·范布伦的祖先是荷兰人，他的家位于纽约的哈得逊河流域的一个名叫"金德胡克"的小镇上。范布伦家在社区里属于较低的阶层。母亲的娘家是个受人尊重的家庭，属于最早的一批荷兰移民，她未出嫁时曾过了一段好光景。而父亲节俭的祖先则为他留下一间客栈和大片良田，客栈坐落在奥尔巴尼和纽约之间的邮路旁边，位置十分理想。但由于父亲亚伯拉罕是个缺乏远见的荷兰人，非常容易得到满足，既没有能力有效地经营客栈，也没有精力最充分地利用农场。加上亚伯拉罕又是个轻信他人的人，很少催人还钱。所以，随着孩子们日益长大之后，本就不太宽裕的家境更是沦落到捉襟见肘的地步。

想要成功就必须周密地谋划，比别人付出更艰辛的努力，同时还必须为人慷慨、圆通、善于交际。在前一方面，母亲玛丽亚·范布伦为他树立了榜样，而在后一方面，他从"从未跟任何人结过仇"的父亲亚伯拉罕·范布伦身上学到得更多。父亲亚伯拉罕"和蔼、有爱心"，对所有的人都慷慨友好，而母亲则做事富有谋划，并且尽量能让他接受教育。

当马丁·范布伦稍稍大一点的时候，亲玛丽亚认识到，如果一家人要生存下去，她就必须保持家里的稳定和体面。于是，她决定对每个孩子实行严格的预算制度，并要求他们完成分配给自己的客栈和农场的任务。

于是，她不惹人注目又有条不紊地支持着家里的稳定和体面，并且尽可能地挤出足够的钱，让孩子们受到良好的教育，以便他们有更好的生活选择。而对于范布伦的特殊天赋,她也早已发现并加以相应培养:如教育他要举止文雅,对当权者恭敬但不奉承,体谅比他年幼的人;设法让他上学到15岁,同时使他留在有名望的律师事务所里帮忙,以便得到学习法律的机会,等等。母亲玛丽亚做事和考虑问题的周密,以及为孩子的发展所做的不懈努力,不但本身取得了很好的效果,同时也深深影响了孩子们行为做事的风格。

范布伦成熟之后的禀性和顽强就主要来自母亲的影响。玛丽亚以她自己的方式成功地消除了范布伦那性情温和来自胸无大志的父亲的负面影响,为马丁树立了一个勤奋的榜样,并鼓励他将来有成。范布伦年轻的时候就明白:要取得成功就要克服自身弱点,学习母亲的长处。他发现自己有时像父亲一样太喜欢无目的地吃喝交际,办事太草率,因此,他处处并时时提醒自己仿效母亲的小心谨慎,做事计划周密。因此,他能够很好地利用在律师事务所工作的机会,学到了做律师必备的法律知识。通过仔细观察,他发现了许多的政治玄机,并加以巧妙利用,使他的老乡和亲戚约翰·P·范内斯成为国会议员,同时他保持自己的政治独立性,直到有足够的资本涉足政坛——在纽约学习并通过律师考试后才积极参加政党活动。

"克服弱点,发挥优点",使范布伦最终走上了总统的宝座。而这也成为他教育子女的一条家训。他的孩子在这种家训的教育之下,都取得了骄人的成就。他的长子、三子、四子在父亲执政期间都做过总统的秘书,小儿子也是一位很著名的律师。

固然,社会上不存在十全十美的人,每个人都有优点和缺点,但更主要的是,一无是处的人也不会存在。凡是能够取得一些成就的人,都是能清楚认识自己的人。他们在知识上与能力上或许并不是高人一等,但是他们清楚自己的弱点与不足,并能积极地发挥长处,扬长避短,克服自身的弱点。许多人虽然对自己的优点了如指掌,而对存在于自身的弱点却不敢承认和面对,害怕暴露弱点而被人看透,受到他人的嘲笑和蔑视。如此一来，这些弱点便在不断地发挥着它们的破坏作用，对个人的发展造成了极大的负面影响。

其实，暴露自己的缺点，有时候并不是一件坏事。对于相互合作来说，这一点尤其重要。如此，才能换取别人的信任和帮助，提高合作的成效。

一位伟大的商业领袖曾经这样说过："杰出的领袖、成功的人和成功的企业是一样的，他们知道别人的优点，他们利用别人的优点，他们也知道自己的弱点，而且，他们可以克服自己的弱点，并和其他的合作伙伴共同解决面临的难题。有缺点并不可耻，隐藏自己的缺点，不能与合作者彼此沟通，这才是真正的可耻。"

古语有云："花无百日红，人无千样好。"的确，人并非十全十美，每个人都有缺点，都有短处。因此我们应正视自身的弱点，并积极寻求克服缺点的方法。但是，并不是所有的短处都会暴露在我们的视角下，有一些是被你身边的人发现的，他们会有意无意地提醒你，督促你克服缺点。

亚科卡家训：太阳明天还会出来

李·亚科卡是美国著名企业家。1946年他以一名机械工程师的身份进入美国福特汽车公司，从一个普通推销员做起，开始了他一生的经营生涯。1970年任福特公司总裁，1980年任克莱勒斯汽车公司董事长，在公司面临危难之际，他大胆改革，到1984年，公司净赚24亿美元，被誉为企业超级明星。

李·亚科卡的父亲尼古拉·亚科卡是一名美国移民，他思想豁达，是一个乐观主义者。每当亚科卡有什么麻烦事，他就鼓励儿子说："太阳还会出来。它会照常出来的！相信我。"父亲总是这样鼓励亚科卡振作精神，不论发生什么事，都给他坚定的支持。

"太阳明天还会出来。"正是亚科卡家族的这一家训，激励亚科卡走过了一个个难关。

当李·亚科卡遇到挫折时，他总是怀念父亲那些安慰人的话。处于困境的亚科卡曾不止一次地准备认输，但是，父亲说的那些鼓舞人心的话，使他最终没有放弃。父亲说："此刻看起来是够困难的，但是要记住，这种困难总会过去的。"

李·亚科卡的一生充满了坎坷，1946年他作为见习工程师开始在福特公司工作，在每个部门工作一周。经过一段实践，发现自己并不适应在工程界，于是选择了推销员的工作，开始了他一生艰辛的经营生涯。后来，亚科卡经过自己的努力终于有了晋升的机会，但他并没过上几年顺心的日子，20世纪50年代初期整个美国的经济都不景气，这种阴影也蔓延到亚科卡身上，福特公司大批裁人，仅销售人员就被解雇了三分之一，亚科卡也被降级了。

1953年，愈挫愈奋的亚科卡又凭自己的才能当上了费城地区的助理销售经理。紧接着亚科卡又与公司共患难地度过了1956年。这一年对亚科卡来说既是不幸的一年又是幸运的一年。这一年福特公司决定把主要精力放在汽车的安全设备上，一改过去注重汽车性能和马力的工作方针，亚科卡是这次改革的主要发起者。公司发明一种安全袋，袋子上包括仪表盘的冲击垫。但这次亚科卡失败了，遭受了沉重的打击。

"太阳明天还会出来！"亚科卡深信父亲的话。失败并没有影响他积极创新的精神，他愈挫愈勇，随后大胆推出了分期付款计划，大获成功。接着他又组织开发了"野马"车，创造了汽车销售史上的奇迹，从而被称为"野马"之父。1970年他当上了福特公司的总裁。

亚科卡在自传中曾写道："在人生的道路上，有几千个小岔道，而只有几个真正的大岔道——这是一些要认真和切实对待的时刻。当时正是我要做出抉择的时候。我是否该洗手不干、从此退休呢？我已54岁，而且已有了很大的成就。在经济上我不用担心，足够我下半辈子打高尔夫球的。"

"那时我想到了父亲经常对我说的那句话：'此刻看起来是够困难的，但是要记住，这种困难总会过去的。'我总觉得不对劲。我知道我必须振作起来，继续干下去。"

"我们每个人在一生中总会遇到逆境，而有时坏事却变成了好事。有时境况极为险恶，迫使你不得不与命运拼搏，战而胜之。正是父亲的话促使我在几个星期之后担任了克莱斯勒公司的总裁。"

亚科卡的成功与他积极乐观的心态是分不开的，当然他这种乐观向上的心态更是受父亲的鼓励和影响所致。正是养成了这种乐观向上的积极心态，亚科卡才得以在后来的商场上愈挫愈勇，一次次克服困难，一次次起死回生，创造出一个个神话。

乐观者与悲观者之间，差别是很明显的：面对挫折，乐观的人常常看到的是事情光明的一面，他不会纠缠在黑暗的一面中，因此他能够保持清醒的头脑，积极的思维，在最短的时间内找到最佳的解决办法，并在最短的时间内就采取行动，化解危难，走出困境，离成功也就只有一步之遥。面对挫折，悲观的人常常唉声叹气，指责抱怨，甚至"挫折蔓延"——就是对其他正在顺利进行的事情也丧失信心，使自己被挫折重重包围，彻底丧失了明智的头脑和理智的思考，导致采取消极的态度对待眼前的挫折和一切事物，并影响周围的人。这样，悲观的人，失败又总是接踵而来，接踵而来的挫折又更加加重了他的悲观。

尼古拉·亚科卡是一个乐观主义者，同时他还培养了儿子的乐观向上性格，从而使亚科卡总是能在逆境中不断重新站起。乐观是一种美好的品格，为人父者，帮助孩子营造追求快乐的环境，有助于他们健康成长。因此，我们必须从小培养孩子乐观的性格。

培养孩子坚毅乐观的性格和不屈不挠的精神应注意以下几个方面。

（1）建立一个可行的计划，树立一个实际的目标，让孩子自己努力去实现。当孩子不断看到努力的成果，乐观、自信自然会充溢孩子的小脑袋。切记少用、不用否定性、伤害孩子积极性、自尊心的批评。即使孩子真的犯了错误，在客观上分析、指正之后，再教他正确的方法，而不应过多地替他惋惜、后悔，如"你要是那么做，一切就好办了"等。孩子沉湎于回忆，懊悔多一分，他的乐观精神便会少一分。

（2）做父母的要以身作则，对人生中遇到的挫折要有正确的认识和承受挫折的心理及应对的良策；即使面临极大的困难，也不要在孩子面前出现一副唉声叹气、无能为力的样子。如果事情直接关系到孩子，需要孩子一起来面对困难，父母也应给孩子一种克服困难的信念。

（3）对孩子的举止、行为不要苛刻。孩子写字不规范，你可以让他看书上是怎么写的，鼓励、引导他把字写得更好。做父母的每天抽出一点时间与孩子一同游戏，会令孩子特别开心。教会孩子调整心理状态。当孩子陷入痛苦或忧虑时，父母应当帮助他们找出摆脱的方法，可采取听音乐、阅读、骑自行车或与朋友交谈等方法，让孩子从失望中振作起来。

（4）保有一颗平常心。乐观的人可以坦然地面对一切，成功和失败，痛苦与幸福，都要用平静的心态去对待，并不是消极地面对世界。要让孩子积极参加各种活动。让孩子接触各类事物，接触的事情多了，见多识广，心胸自然就开阔，悲观思想便不容易产生了。

孩子的乐观首先来自家庭和谐、幸福气氛，来源于父母的乐观自信、幽默豁达。父母要切实地帮助孩子正确对待并战胜他所面临的困难，将自己的乐观精神感染给孩子。这样，即使在他们以后的生活中碰到困难挫折，他也能始终保持健康的心态，具备心理承受力，克服困难，实现既定的目标，因为父母已使他相信一切美好的东西。一个对自己的童年有着幸福与温馨回忆的人，胸中会永远充溢着幸福。

第四章
勇气

　　勇气是一个人积极进取的动力。你时常对他说:"你能行!"这就是鼓励他充满自信,让他有勇气去做一切他想做的事。尤其在处境困难的时候,自信心显得特别重要,而是否有勇气往往会决定事情的成败。在孩子小时候,父母就应该注意培养他敢于面对挑战的勇气,从而增强他独立做事的能力。

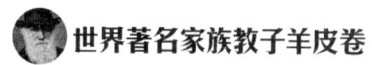
世界著名家族教子羊皮卷

苏氏家训：读书与求实

"一门父子三词客，千古文章四大家"，这副对联说的是苏洵和他的两个儿子——苏轼、苏辙。

苏洵是唐宋时期著名的文学家，他的散文曾达到了"下笔顷刻数千言"的境界，被世人广为传颂。

苏轼，号东坡居士，宋代眉州（今四川省眉山市）人。中国北宋文学家、书画家，字子瞻，父苏洵、弟苏辙都是著名古文学家，世称"三苏"。

苏轼有三子：长子苏迈、次子苏迨、幼子苏过。苏迈，元丰六年（1083年）被命为江西饶州德兴尉（苏轼《石钟山记》）。1091年，被命为房州军事推官知河间事。绍圣四年（1097年）苏迈被任命为韶州仁化令。苏迨，娶欧阳修孙女、欧阳叔弼之女为妻。聪颖异常，颇好诗词。平素不喜欢入仕做官，后承父恩授承务郎。苏过，政和二年（1112年）出监太原税，政和五年（1115年）知郾城县，宣和五年（1123年）权（代理）通判中山府。苏过能文，著有《斜川集》，亦善画。

苏洵的两个孩子苏轼和苏辙小的时候十分顽皮，苏洵总是教育他们要好好读书。在多次说服教育不见成效的情况下，苏洵决定改变教育他们的方法。从此，每当孩子在玩耍的时候，他就有意躲在角落里读书。孩子一来，便故意将书"藏"起来。苏轼和苏辙好生奇怪，以为父亲一定瞒着他们在看什么好书。两人出于强烈的好奇心，趁父亲不在家时，把书"偷"

出并认真地读起来。从此，逐渐养成读书的习惯，切切实实感受到了读书的无穷乐趣，终于成为一代名家。

在教育孩子这方面，苏轼也不亚于他的父亲苏洵。他继承了父亲要"好好读书"的家训，也教育自己的儿子好好读书。

宋神宗元丰二年（公元1079年），苏轼因做诗"谤讪朝廷"罪贬谪黄州（今湖北省黄冈市）担当团练副使。这是一个闲差使，43岁的苏轼得以有闲经常与长子苏迈一起读书作文，说古论今。有一天，父子俩不知怎的竟谈到了鄱阳湖畔石钟山的名称由来。苏迈从《水经注》等古书中找出许多说法，如"下临深潭，微风鼓浪，水石相搏，声如洪钟"，"得双石于潭上，扣而聆之，南声函胡，北音清越，止响腾，余音徐歇"。对这些说法，苏轼都觉得是牵强附会，实不可信。苏迈想找其他书，苏轼阻止了他："不用找了。大凡研究学问、考证事物，切不可人云亦云，或者光凭道听途说就妄下结论。看来，石钟山这个问题，还必须实地考察求实才能解决呢！"

"石钟名称由来"这一问题，在苏轼父子俩的心中一悬就是5年，一直到元丰七年（公元1084年）才有了解决的机会。是年六月初九丁丑日，苏迈到饶州德兴县（今江西省鄱阳湖东）担任县尉，48岁的苏轼送他到湖口，顺便带着苏迈一起考察石钟山。白天，庙里的和尚叫一个小童拿着斧头，在乱石间挑了其中的一二块石头来敲打地，父子俩当然不相信。月光明亮的当晚，父子俩乘着小舟来到山的绝壁下，沿着山脚寻找。寻到一个地方，只听见一阵阵清畅高扬的声音，"噌如钟鼓不绝"，原来，这里的山脚下遍布石窍，大小、形状、深浅各不相同。它们不停地受到波涛撞击，所以才发出各种不同的音响，宛若周景王的无射钟，魏庄子的歌钟，庞大乐队中的钟鼓齐鸣一般……父子俩此刻终于恍然大悟：这才是"石钟"名称的由来啊！

难能可贵的是，苏轼能抓住父子俩同探石钟山这件事，谆谆告诫儿子苏迈："石钟"名称由来，此事本不难明白，只需实地考察就行了，由于一般人不肯去下这工夫，宁愿到书本里去寻找答案，而浅薄的人又往往附会一些莫名其妙的东西来解释，最终以讹传讹，使本不难明白的事千百年来不得明白。你应当切切记住，"事不目见耳闻，而臆断其有无"，是不可能找到正确答案的！

为让儿子更深刻地理解"求实"的重要性，苏轼又提笔撰文。于是，苏迈乃至后人就读到了出自苏轼笔下的名篇《石钟山记》。

苏氏家族之所以才识卓异，震古烁今，看来与其良好的家教不无关系，他们的成功给了我们可贵的启示。他们教子的成功之处在于：在说服无效的情况下，并没有用"棍棒"、"恐吓"之类简单强制的教育方法，而是巧妙利用孩子的好奇心和求知欲加以引导，终于获得成功。

兴趣是最好的老师。孔子说："知之者不如好之者，好之者不如乐之者。"苏洵教子，就像大禹治水，善于引导，善于启发孩子的兴奋点，善于开发孩子的兴趣。我们知道，兴趣是学习动机中最活跃、最现实的成分，教育家赞可夫认为："教学一旦触及孩子的情感意志领域，触及孩子的精神需要，便能发挥其高度有效的作用。"兴趣是学习者成功的内驱力，没有兴趣的地方就没有智慧的灵感。苏洵深切懂得这一点。

身教胜过言传。"十年树木，百年树人。"植物的生长尚有自然规律，更何况是育人这长期、复杂、系统的过程，它更需要我们以身作则、率先垂范，时时处处做孩子们行动的榜样。试想，苏洵如果不是那样痴迷于读书，怎么会引起孩子们的好奇和重视呢？正是他读书时神采飞扬的情景，才深深吸引了孩子，感染了孩子，引起了他们的探求欲，进而带动了孩子们的读书学习。"环境对人的熏陶太重要了，对孩子的教育要重视环境的选择。"苏霍姆林斯基的这句话真正说到了要害上。良好的家庭环境对孩子的健康成长起着举足轻重的作用。

教育要想取得实际效果，必须讲求教育技巧和教育方法，那就得遵循教育规律，要适应孩子的年龄特点和心理需求，不能简单粗暴。这很值得做父母的学习借鉴，父母教育孩子时经常是以自己的思想标准为出发点，全然不顾小孩子的兴趣爱好和心理特点，所以教育效果也就不会理想了。如果父母在教育孩子时，能放下架子，放下权威，抱着一颗童心去走进孩子的心里，知道他们在想什么，是怎么想的。在真正了解孩子后再进行教育，那一定会有好的教育效果。

孩子养成好读书、读好书的习惯，的确是一件大好事。衷心希望天下的父母能从中学习经验，改变自己的教育思想和教育行为，用适合自己孩子的好方法去教育孩子，让孩子从小养成好的读书习惯，受益一生。

世界著名家族教子羊皮卷

宋氏家训：敢于为天下先

宋庆龄的父亲宋嘉树，字耀如，是一位爱国的实业家，也是孙中山的好友，对孙中山领导的反帝、反封建的斗争给予了很大的支持。同时，他还是一位教子有方的好父亲，是中国近现代最早意识到家庭教育功能缺失的有识之士之一。

宋嘉树夫妇共养育了六个子女。他们的三个女儿：宋蔼龄、宋庆龄、宋美龄，分别嫁给了孔祥熙、孙中山和蒋介石，这三段重大联姻，成为我国现代史上政界、金融界、经济界的风云人物，宋家从买办家庭变为了权力家族，从"上海宋家"跃升为闻名于世的"宋氏家族"。

宋氏祖籍在河南相州安阳，远祖魏国公韩琦为北宋名臣，据《宋史》记载："相三朝，立二帝，厥功大矣"。南宋宁宗年间（公元1197年）韩显卿为躲避北方战乱，抱宗谱从广东廉州南下渡海移居文昌罗豆乌坡村，成为韩氏渡琼第一始祖。嘉庆年间，宋庆龄的高祖父韩仁循（第二十代）定居现在昌洒镇的古路园，曾祖父韩锦彝和祖父韩鸿翼三代世居在这里。

宋嘉树原名韩教准，因过继给自己二婶的弟弟而改名为宋高升，后改为宋嘉树。

在男权主义观念十分浓厚的19世纪末，宋嘉树敢于蔑视男尊女卑的世俗偏见，认为男女都一样，女人不要依附男人，身为女人不应妨碍自己成为国家有成就、有作为的公民。他信仰老子"无为而治"的思想，认为"三从四德"是对民主教育的反叛，因此竭力抵制并为三个女儿提供了与男子一样多的学习机会和条件。在宋氏三姐妹6、7岁时，他就先后把她们送到美国教会办的"中西女塾"学习，并寄宿于学校，从小培养其独立生活的能力；后来他又把他们三姐妹全送到美国求学，使他们接受西文现代科技文明和价值观念的教育，培养她们个人奋斗的精神，教育她们要自信、自立、自强。正是因为这样，宋氏三姐妹才如此卓然出众，成为中国近现代史上的风云人物。

宋嘉树对压抑个性、以循规蹈矩为贤明和以唯唯诺诺为老成的陈腐封建教育深恶痛绝，他认为这种教育会使一个伟大的民族一天天地沉沦下去。当他看到中国家庭教育与西方家庭教育的巨大差距时，就立志要把子女培养成林肯、华盛顿式的伟大人物，他曾这样说过："只要一百个孩子有一个能成为超人式的伟大人才，中国就有四百万超人，还怕不能得救？现在中国大多数家庭还不能全心全意培养子女，我要敢于为天下先。"而"敢于为天下先"也成为宋氏家族的家训。宋嘉树的几个子女正是在这种家训的培养之下，才成为当时名震中华的才子佳人。

他专门制订了一套教育孩子的方案，并为实现这个方案倾注了大量的心血。

在充分发展孩子天性的过程中，宋嘉树训练他们成为具有基督教精神的斯巴达勇士。

还在孩子蹒跚学步的时候，就鼓励他们尽情地玩耍。稍大一点就进行"沐于大麓，烈风雷雨而不迷"的意志训练。选择一个风狂雨骤的日子，带领着孩子在雨中接受狂风暴雨的洗礼，还经常带孩子到野外去徒步旅行。他有时还和孩子们一起禁食，以学会忍饥挨饿求生的本领。他让孩子学会自控和忍耐，培养孩子坚强的性格。他对孩子要求很严，反对无节制地满足孩子的欲望，主张培养孩子的自制能力。他强调如果要想把孩子培养成为一个伟大的人物，就应当有比钢铁更坚强的意志。

宋嘉树认为在孩子长知识开眼界的时候吹掉一个花蕾，会少结一个果实。因此，虽然他性格比较急躁，但绝不训斥孩子。

有一次，宋氏的几个孩子在院子里做游戏，蔼龄拉着黄包车直奔后花园，车上坐着装扮成"皇后"的庆龄，因速度快，车被石头拦住，重心偏离，庆龄跌倒在地，受了伤，鲜血直流。宋嘉树见了并没有训斥孩子，而是告诉她们不要玩这种风险的游戏。

宋嘉树非常爱孩子，但他的"爱"不是"溺爱"，他认为爱孩子皆不可以把他们当做珍珠玛瑙那样去爱，爱孩子就要为孩子的未来负责，必须从小培养孩子自立自强的精神。

还在孩子爬行和学步阶段，宋嘉树就鼓励他们："一步两步三步，好！跌倒了别哭，自己爬起来再走，好！一二一，一二……"孩子们果然不哭，果然跌倒了爬起来再走。朋友们说他是"开孩子们的玩笑"，宋嘉树则回答："老兄，你错了，这不是玩笑，这是人生之路的第一步，将来在社会上闯世界，全靠这第一步啊！"

有坚强的意志力一定意义上就是摆脱对他人的依赖，相信自己的力量。因此父母有意识地让孩子受点"苦和累"、受点挫折是有益的。让孩子从小品尝一点生活的磨难，从小懂得人生的道路是坎坷的，从小学会自己主宰自己，就是为了使孩子今后不成为自身软弱的奴隶，学会从挫折中接受教育。当孩子产生自卑、畏缩、懦弱等情绪的时候，作为父母，应该寻找机会以各种形式向孩子表示鼓励，增强孩子的意志力。

要培养孩子坚强的意志力，父母应利用生活中的一些自然情景，让孩子有勇气面对困难，积极克服困难，这才是真正有效的挫折教育。

成功者大都是那些敢为天下先的人。他们一般被人尊为第一个吃螃蟹的人。很多人没能成功，就因为他们怕与众不同，害怕被"枪打出头鸟"，他们安于现状，安于平稳，所以，他们远离了成功。

敢为天下先，就要有创新的精神，一个人如果踩着别人的足迹走，就不会有创新，不会有壮举。

敢为天下先，要求一个人有先行的勇气。

1860年6月30日清晨，牛津大学幽静的林荫道上许多马车向博物馆大楼驶去，身着豪华钟罩形裙的太太们，由穿着很漂亮的绅士们挽着走下马车。许多身着黑衣的教会人士、学者、大学生、报纸杂志的记者，也纷纷踏上演讲厅的台阶，不一会儿整个会场挤得水泄不通，还有很多晚到的人站在门外院子里和草地上。主席台上坐着最有威望的雄辩的演说家韦柏福斯大主教和以赫胥黎为首的几位学者，他们形成两个对垒，接着一场激烈的论战开始了。会场气氛紧张而热烈，不时发出哄堂大笑和暴风雨般的掌声，他们究竟在争论什么呢？

原来他们正在为动植物及人类的起源而论战。这场论战全是由一本刚刚出版的、绿色封皮的、名为《论借助自然选择的方法的物种起源》（简称《物种起源》）的书引发的。这本书提出的观点骇人听闻，它否定了神学、否定了上帝。那么，这个胆大包天的书的作者是谁呢？他就是英国伟大的生物学家查理士·达尔文。

正因为达尔文有敢为天下先的勇气，所以他出版了《物种起源》，并受到后人的敬仰。

要想成功，既需要有敢为天下先的思想，又需要有敢为天下先的积极品质。盲目的大胆，没有思考没有计划，没有对策的天下先。不但不会使你成功，而且会使你一败涂地，输个精光。所以，敢为天下先是有前提条件的，只有那些善于思考，有眼光有毅力的人，先行才会无往而不胜。

"敢为天下先"的精神就是说敢于第一个吃螃蟹；就是只要认准一个目标，有了一种思想主张，决心要干一件事，就不会轻易改变。以"虽百万人军中，吾往矣"的无畏气概，进行不折不饶的搏击；就是一种责任的敢担当，心忧天下，为国为民，刚是其内核，韧是其灵魂，灵是其气质，责是其追求。

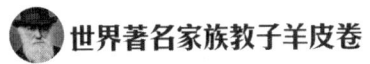
世界著名家族教子羊皮卷

亚当斯家训：只要自己的良心鼓掌

约翰·亚当斯生于马萨诸塞州，父亲是农场主。亚当斯毕业于哈佛大学。当过律师。1772年被选为马萨诸塞州众议员。1774年参加第一次大陆会议。1775年参加第二次大陆会议。1776年参加《独立宣言》五人起草委员会，1777年出使法国。1778年返国参加宪法起草工作。美国独立后，亚当斯被任命为首任驻英公使。1789年当选副总统。1796年华盛顿卸任后任总统。

作为大陆会议的代表，亚当斯所受的教育、所学的法律知识，以及他娴熟的演说技能都在费城派上了大用场。在大陆会议上，他雄辩无比、入木三分的演说使其成为《独立宣言》最为有力的拥护者。可以说，他为美利坚合众国的创建做出了不可磨灭的贡献。

亚当斯有一句名言，刻画了他对高尚道德的追求："在人生的舞台上，只要自己的良心鼓掌了，哪怕整个世界喝倒彩都无所谓。"后来，这句话也成为亚当斯家族的家训。

在许多人眼里，个头儿不高，精神饱满的亚当斯衣着简朴，谈吐直率。他有着聪明的头脑，而且每个人都知道，他为人公正、诚实。他以国家利益为重，即便在政治上对自己不利，但只要他认为这样做对国家有利，他就会坚持做下去。他的直率有时会失去一些朋友，但他的诚实使政敌都不得不尊敬他。他生性独立，具备新英格兰人特有的传统品质，但他一点都不像人们印象中的新英格兰人那样为人冷漠，沉默寡言。他百折不挠而又满怀深情……他的这些道德品质，主要继承自他的家庭，还有他少年时期生活的乡村环境。其中最重要的，是脚踏实地、勤劳朴素的生活理念。

亚当斯的父亲是一位英格兰清教徒的后裔，他既是制鞋匠，又是牧师、农夫，还兼任着民意代表。他一生生活简朴，勤俭持家，把所有的积蓄都用来购置土地，从来不追求享乐。如果单一从外表上看，没人会相信他是拥有数百公顷土地的大农场主。他这种脚踏实地、勤劳朴素的生活理念，深深地影响了儿子约翰·亚当斯。

每逢礼拜天，少年亚当斯就和家人与布伦特里镇的其他家庭一起聚集到新教教堂参加宗教仪式。在教堂里，每一个家庭都有自己的座位。在教堂仪式结束时，谁也不准起身离去。于是，教堂就又成为了本镇的会议大厅。这时，教堂执事们脱下他们身上的教袍，开始履行行政委员的职责。他们当着镇上每一个市民的面，办理镇务，做出决策讨论问题。更重要的是，那些市民有权引起行政委员们的关注，有权对行政委员们的争论进行补充。有时候，行政委员的选举也会在这样的镇务会议上进行。在此类选举活动中，布伦特里绝大多数市民均有权投上自己的一票。

大约三十年之后，约翰·亚当斯将当年观察布伦特里行政委员们处理镇务时所获得的经验带到了费城的州议会，在那里为使英国独立而争辩。1776年3月，即《独立宣言》被大陆会议接受四个月之前，亚当斯已经写出了想法。

他写道："它应该以小见大，准确体现人民的形象，像人民那样思考、感受、分析和行动。本次立法会议的目的可能就是始终做到严格公正，其代表权应该具有平等性。"

作为政治家，诚实、正直、公正是他为政的灵魂。亚当斯从政之前从事律师工作，这更要求他公正。1766年，亚当斯为了提高在律师界的地位，把家搬到了波士顿。他办的最著名的一个案子，是为1770年3月5日在波士顿大屠杀中向人群开枪的一个英国船长和8个战士辩护。一接手这起案子,亚当斯就明白,他会为此而失掉爱国的好名声。然而,他强烈地感到,英国当局在波士顿驻扎军队屠杀波士顿平民比这些具体开枪的战士的罪行要严重得多。亚当斯和他的合作者乔赛耶·昆西成功地赢得了宣判这位英国船长和6名战士无罪,另两名战士对大屠杀负有较小的罪责。虽然许多波士顿的爱国者都谴责亚当斯保护了这些英国士兵,但他在办这件案子中所表现出来的公正,也广泛赢得了人们的尊敬。

亚当斯曾有一句这样的名言,刻画了他内心中对道德的追求:"在剧院的舞台上,事实上,观众的掌声远比演员对自己的肯定重要。但在人生的舞台上,只要自己的良心鼓掌了,哪怕整个世界喝倒彩也都无所谓。相反,如果自己的良心不安,哪怕是整个世界最响亮的掌声也毫无价值。"

其实,亚当斯这句话的意思是说,无论做什么事情,无论你做得对与错,都要对得起自己的良心。换句话说,就是做人一定要正直可靠。

约翰·亚当斯的长子,就是后来继任美国第三任总统的昆西·亚当斯。昆西·亚当斯20岁就成了有名的外交官,出使欧洲多年。1817年门罗总统上台以后,昆西·亚当斯被任命为国务卿,成为美国历史上"最有成就的国务卿之一"。1825年,昆西·亚当斯成为美国第一位继承父业的总统。

约翰·昆西·亚当斯的儿子查尔斯·弗朗西斯·亚当斯,也成为国会议员,并出任美国驻英国大使。

正直就是要不畏强势,维护正义,要敢说敢为,要能够坚持,要勇于承认错误。正直意味着自觉自愿地服从,从某种意义上说,这是正直的核心,正直意味着有勇气坚持自己的信念。这一点包括有能力去坚持你认为是正确的东西,在需要的时候义无反顾,并能公开反对你确认是错误的东西。能保有着高贵与正直,即使在财富地位上没有大收获,内心也是快乐和满足的。

一清如水的生活，诚实不欺的性格，无论在哪个阶层里，即使心术最坏的人也会对之肃然起敬。

人类之所以充满希望，其原因之一就在于人们似乎对正直具有一种近于本能的识别能力——而且不可抗拒地被它所吸引。

人要正直，因为在其中有雄辩和德行的秘诀，有道德的影响力。做一个圣人，那是特殊情形；做一个正直的人，那却是为人的正轨。

在生命的历程中保持正直的人，总能看到别人内心的善意与微笑；总能在失败的时候看到契机和希望；总能在顺境和逆境中保持奋斗的姿势。

做人要正直，做事要正派，堂堂正正，公公正正，才是立身之本、处世之基。人正不怕影斜，脚正不怕鞋歪，身正心安魂梦稳。品行端正，做人才有底气，做事才会硬气，心底无私天地宽，表里如一襟怀广。襟怀坦荡，光明磊落，就会赢得他人的信赖与尊敬。己不正，何以正人？正直的人不谋私，不贪利，不文过饰非，不偷奸耍滑，不阿谀奉承，不溜须拍马，不阳奉阴违，平等待人，公正处事。说话有根有据，有一说一，有二说二，该说的就说，该做的就做，说的都是真话，做的都是正事。心术不正，故弄玄虚，口是心非，用心计，耍手腕，当面一套，被后一套，台上说君子言，台下行小人事，谈何主持公道，伸张正义。所以，做人一定要走得直，行得正，做得端，做人一定要经常问问自己是否正直、公道。

匡特家训：机会来了就要紧紧抓住

匡特，一个响亮的名字。它不仅在商界引人注目，许多德国人都和它有着直接的联系。他们是德国的豪门望族，经常出现在《福布斯》杂志的巨富名单里。但匡特家族掌门的新一代成员认为，他们不"仅仅"是亿万富翁，重要的一点，还是企业家。毫无疑问，匡特一家是德国最成功的商业家族。

匡特家族的历史可以追溯到一个叫普利茨瓦尔克的小镇。小镇位于柏林西北130公里远的地方，这里有一家奥古斯特和路德维希·德雷格纺织厂。

1865年，一个叫埃米尔·匡特的小伙子在那里开始了他的学徒生涯。不久，他开始参与管理。工厂的经营非常顺利。1870年，普法战争爆发，对军服的需求猛增，因此普利茨瓦尔克的纺织业一直很景气。

1879年，工厂的主人路德维希·德雷格去世，年轻有为的埃米尔·匡特开始正式管理工厂。三年后，已经和路德维希·德雷格的女儿黑德维希订婚的埃米尔·匡特和他的内弟马克思·德雷格用3万5千旧德国马克买下了这家工厂，由此开始了匡特家族的创业历程。

因为和当地其他制造商保持着良好的合作关系，企业的产品销路一直不错。在埃米尔·匡特的管理下，公司的效益也蒸蒸日上。

在匡特家族的第二代人中，京特·匡特继承了埃米尔·匡特的事业。京特组织能力强、善于协调。很快，这位年轻企业家引起了政府部门的注意。第一次世界大战期间，他组织德国纺织业为军队提供物资。直到战争结束后，他才有时间去扩大自己的商业帝国。

为了寻求进一步发展，1920年，京特·匡特从普利茨瓦尔克迁到柏林。当时的柏林到处是失业和通货膨胀。后来，他又从柏林迁到哈根，随后搬到了德国北部的汉诺威。他加入了后来被称为"瓦尔塔"的AFA电池公司。和最初的纺织业毫无关联的电池制造，从此成了家族的核心产业。赫伯特·匡特第二次婚姻所生的子女，京特·匡特的孙辈们，如今控制着匡特家族的股权。这些人很少在商界抛头露面。

1938年，京特·匡特在汉诺威建了一家新电池厂。因为汉诺威交通便利，有利于铅的运输，而铅是电池最重要的原料。

作为监事会主席，京特·匡特引导着公司走向成功。当时，他已经持有多种工业股票，包括化工、制药和机械工程等，成了一位重要的实业家。

宝马公司是全球屈指可数的几家独立汽车制造商之一，而匡特家族掌握着公司47%的股份。老匡特的一双儿女——斯迪凡和苏珊妮，都在董事会中扮演重要角色。

股市暴涨给匡特家族带来了大笔财富。1982年，匡特家第三代赫伯特·匡特大约有100亿马克财产，相当于54亿美元。家族的核心资产是宝马公司49%的股份。1996年之后，德国的蓝筹股指数DAX翻了一番多。据估算，匡特家族现在拥有100多亿美元资产，称得上是亿万富翁。

赫伯特·匡特是一位伟大的企业家，也是一个有多重性格的人。他常说的一句话是："我喜欢享受人生之乐。"的确，他热爱生活，热爱家人，热爱大自然，热爱优美的音乐。人们也绝不会忘记他对家庭和睦所起的重要作用。

但他的去世留下了真空：孩子们还小，无法继承家族的事业。他的孩子几年前才开始接管权力。匡特家族的第四代担负起了肩上的企业家责任。苏珊·克莱藤继承了他父亲的企业,也继承了父亲的"企业家股东"哲学。

她说:"匡特家族有一条原则,我父亲把它传授给了我们,就是公司的拥有者和管理者没有必要什么都管。有些事最好让第三者去做。这个人要有特别的素质,能用他自己的方式去经营。当然,他们需要一定的自主权,我们应该给他们这种权力。"苏珊·克莱藤强调说:"匡特这个家庭的特点在于,我们能够支持有事业心的人们在事业上取得成功。"

明智的选择和企业决策,保证了匡特商业家族的持续发展和长盛不衰。

匡特家族还有另一个传统:不论是在哪个行业,纺织、药品、化学制品或汽车,匡特家族从不用自己的名字作标志,他们始终在幕后工作。实际上,除了宝马汽车,没人知道其他公司和匡特家族的联系。比如,有谁知道万莱克时装的后盾是匡特的德尔顿公司呢?有谁知道维塔·比尔埃克蒂丁和穆蒂·桑诺斯托尔公司背后有匡特的阿尔塔纳呢?

南德的康斯坦茨湖的比克·古尔登公司,是阿尔塔纳拥有的两家大公司之一。家族的第四代正在继续发展赫伯特开创的事业,在新的世纪再创辉煌。

小匡特这样认为:"我父亲当时遇到了一个特殊机会。机会来了,他发现了,并紧紧抓住了它。当然,我也会寻找类似的机会,我认为我已经开始寻找了。这个机会是否和我父亲当时的一样并不重要;我要说的是,我并不想盲目地超越我父亲。我只是希望,一旦有了机会,我也能像父亲一样紧紧抓住它。"

有一则故事发人深省,耐人寻味。

美国总统林肯在街头看到一份新到的《智慧》杂志,随手买了一本回到宿舍翻看。突然,发现中间几页没有裁开。他用小刀裁开了它的连页,发现连页中的一段内容被纸糊住了。他又用小刀慢慢把纸刮开,于是现出了以下文字:"恭贺您!您用您的好奇心和接受新事物的能力获得了本刊1万美元的奖金,请将杂志退还本刊,我们负责调换并给您寄去奖金。"

林肯对编辑部这种启发读者智慧和好奇心的做法极其欣赏,便提笔写了一封回信。不久,总统便接到新调换的杂志和编辑部的一封回信:"总统先生,在我们这次故意印错的300本杂志中,只有8个人从中获得了奖金,绝大多数人都采取了寄回杂志社重新调换刊物的做法。看来您是真正的智者。根据您来信的建议,我们决定将杂志改名。"这本杂志,就是至今风靡世界的《读者》。

不少人后悔没有揭开那薄薄的连在一起的几页纸和一段被糊住的文字。事实上,大地回春向万物发出了请柬,但并不是每一粒种子都能发芽。机遇面前人人平等,只不过看谁会发现机遇,抓住机遇。机遇在人群中穿行,但并不是每一个人都去奋力捕捉。机遇的确有好有坏,但与其抱怨没有机遇,倒不如历练发现机遇的眼光。当今时代,是一个机遇特别多的年代,也是特别需要发现机遇眼光的年代。

有一个年轻人,没有文凭,来到广州打工,凭着一身力气,他当了一名送奶工。很快,他凭着自己的努力,成立了送奶公司。由于他诚实守信,服务优质,经过几年的打拼,他的公司很快发展到30万个家庭订户。

一天,他与一位做广告的朋友谈话时突然想到公司现有的30万个家庭订户,不就是一个极其庞大的网络吗?这张网只用于送奶实在是太浪费了,为什么不以此为载体,在送奶的同时,兼做广告传播呢?于是,他又成立了广告传播公司。公司的广告传播人员几乎全由送奶工兼任,转眼之间使业务由一拓展为二。

初战告捷后,他决定以送奶网络为载体,兼营更多的业务。随后他与一些商场合作,进行电子商务配送,还创办了广告杂志。这些新业务,都是依托于公司的奶品递送这张巨型大网铺开的,其利润却远远超过了送奶的利润。由于形成了良性循环,订奶客户也很快发展到50万户,员工从最初的5个人发展到目前3000多人,资产由最初的2000元猛增到现在的2亿元。这位已成亿万富翁的年轻人,名叫刘浩天,他的公司被评为第四届全国文明社区贡献大奖,其本人也荣获"广州市十佳外来青年"称号。

机会到处都有,关键是我们要有一双慧眼,去发现它抓住它,并充分用好人生的每一个机会,我们的人生就会展示一片春光灿烂的前景。

成功有两个要素:能力和机会,有人重能力培养,有人重机会发掘。有能力没有机会等于没能力,有机会没能力等于没机会,发现并能抓住机会也是能力。两者相辅相成当然最理想,但不容易。现在人心浮躁,多有能力不够储备不足而忙于寻求机会者,造成各领域机会主义分子发迹者不在少数。人的一生想要成功,能力是第一要素,有能力没遇上良机比有机会不能胜任要好受得多。因为机会不是一次,而能力则需要持久修炼。

艾森豪威尔家训：自信者方能自立，自立者方能自强

艾森豪威尔家族，据说曾发生过这样的一个故事。1942年6月25日，也就是艾森豪威尔被任命为欧洲盟军总司令的当天，德国无线电台立即广播，称盟军任命德国人担任最高军事职务。的确，德国广播并非空穴来风，艾森豪威尔的德国姓氏，首先就显示了他无法抹掉的德国血统，而血管中确实流着德国人的血液，这要追溯到他父辈的祖先了。

艾森豪威尔的父系祖先是德国人，居住在德国莱茵河地区，属于门诺教派。在17～18世纪期间，门诺教派被视为异教邪说，受到排挤和迫害。为了摆脱当时欧洲的宗教迫害，艾森豪威尔的祖先先移居到瑞士，后在1741年来到北美洲的宾夕法尼亚。从那时起，艾森豪威尔的祖先就一直生活在美洲大陆。艾森豪威尔一家原先姓"艾森豪尔"，后来在当局统计户口时，由于抄写员的马虎，结果写成"艾森豪威尔"。于是，这个本意为"身披甲胄的骑士"的"艾森豪威尔"就成了后来艾森豪威尔一家的姓，并一直沿用了下来。

一天下午，艾森豪威尔从学校放学回家，一个同他年龄相仿的男孩一路将他追打到家门口。由于那个男孩粗壮结实，艾森豪威尔不敢迎战，而只是一味逃跑。当他跑进家门，看到父亲时，艾森豪威尔长长地舒了口气，有"保护神"总可摆脱那个讨厌的家伙了吧。于是，艾森豪威尔不由加快了脚步。

突然，他却听到了父亲生气地叫喊："你为什么被那小子追得满街跑？你这个胆小鬼！"

艾森豪威尔愣了一下，停住了脚步，非常委屈地说："我要是还手的话，不论结果如何，都会挨你的鞭子。何况，他又那么……"

"何况什么？"父亲厉声打断他的话，"有本事的话，把那小子赶走。"

听了父亲的话，艾森豪威尔的斗志就上来了。他猛地转过身去，扔下书包，握紧拳头，向追赶他的男孩冲了过去。

也许是因为看到艾森豪威尔的父亲，也许是想不到艾森豪威尔会突然反击，那个男孩有些慌乱并夺路而逃。但是，艾森豪威尔很快就追上他，并朝着那男孩结结实实地打了一拳。只听到一声惨叫，那个男孩居然没有还手就倒在地上。

艾森豪威尔很是诧异，没有想到那个男孩是如此外强中干。他放开手，俯视着那个男孩，不屑地说："要是你再找麻烦，我就每天揍你一顿！"说完，艾森豪威尔就坦然地回家了。

父亲平日充满严肃的面孔下透出来了几分赞许，他对艾森豪威尔说："自信者方能自立，自立者方能自强。你一定要相信自己，你才能比别人强。"艾森豪威尔从此明白了一个道理：那些平日里惯于称王称霸、耀武扬威的人，其实有可能只是糊弄人的把戏。只要敢于斗争，就一定能取得胜利，就一定能找回自信和勇气，同时也能赢得他人的尊重和赞许。

正是父亲对艾克这种关于"自强"的心灵启迪，逐渐培养了艾森豪威尔不畏强权的军人特性。

艾森豪威尔也是用父亲的话"自信者方能自立，自立者方能自强"来教育自己的孩子。在艾森豪威尔的教导下，儿子约翰西点军校毕业，参加了诺曼底登陆战役。在父亲当上总统以后，他曾担任父亲的白宫助理。现在约翰已成为有名的历史学者和享有赞誉的作家。

人的自信心是从哪里来的？对孩子说，很大程度来自激发、表扬与夸奖。小孩子学走路，开始时总是揪住大人的手不放，因为他没有尝试过走路，怕摔倒。大人拉着走，扶着走，一边学，一边夸，经过反复尝试，摔倒了，爬起来再学，终于学会了走路。再往后，他们走路时不愿意让大人拉或扶着了，因为他们有了独立行走的自信心。如果当初怕摔倒而不让他们学习走路，他们很可能永远不会走路。

有位母亲曾苦恼地说："我儿子学习成绩较差，且做事畏畏缩缩，认为自己什么都不如别人。我常忍不住数落他，骂他不争气，没出息，希望他能好起来，可越是这样，他的成绩越差，性格也越孤僻，真是急死人了，我该怎么办呢？"

其实这类问题相当普遍，由于孩子心理发育尚未成熟，挫折、失败、不良刺激都有可能对孩子的人格发展产生消极影响。比如孩子学习遭受挫折时，父母们恨铁不成钢，望子成龙心切，经常出言不逊，骂孩子"太笨"、"根本不是学习的材料"。孩子往往在这些语言的反复"暗示"下，接受了这种错误的判断，并将这些判断作为自我评价的一部分，长此以往就形成了怯懦自卑的心理，认为自己什么都不行。他们往往对自己评价过低，失去战胜困难的勇气和动力，因此也妨碍了自己创造性思维的发展，最终可能将一事无成。

由此可见，激发和保护孩子的积极乐观的心态是非常重要的。所以，当孩子遇到困难时，父母要与孩子共同向困难挑战，鼓励孩子去战胜困难。当孩子遇到挫折或挫败时，要与孩子一起分析失败的原因，鼓励孩子下一次做得更好。当孩子受到表扬，获得成功时，要与孩子同喜同贺，通过夸奖，进一步激发孩子的乐观心态。

我们常说："在家靠父母，出门靠朋友。"一个"靠"字，刻画出多少人的依赖心理。因为这个"靠"字,一些本应自立的孩子,不是自食其力,而是理直气壮、无尽无休地向父母伸手要钱娶物;因为这个"靠"字,许多不得志的孩子,不是反思自己的无能,而是抱怨自己的父母没本事,不能为自己安排一个锦绣前程;因为这个"靠"字,一些没事儿干、没钱赚的人,不愿离开故土,主动"走出去",谋生活、讨生计,而是等国家分配、等政府安排。同样,这个"靠"字也消磨了多少好孩子自立自强的信心。

松下家训：坚持走自己的路

松下幸之助是日本著名跨国公司"松下电器"的创始人，9岁被迫放弃学业，开始了长时间的学徒生涯。1916年，他从75日元起家，经过几十年的苦心经营，发展了一个一年仅税款就高达900亿日元的大商业帝国。他创立了独特的经营之道，在国内、国际的激烈竞争中始终把握主动权，被人称为"经营之神"。

松下家族，世代务农，先辈就无达官显贵，也无武士学者，平平庸庸，籍籍无名。

松下幸之助的父亲松下正楠却不是一个传统意义上的农民，他对社会活动的热情甚于务农。他担任村民代表，大部分时间耗在村公所的事务上，愈来愈疏于耕种，把田地都租给佃农，因此，身为自耕农的他，又算得上是一个小地主。相对于默默无闻的先辈来说，正楠算是一个颇有脸面的人物。在松下幸之助出生的时候，家境还不错，是个小有资产的人家。

无论是谁，在事业起步时面对以下几条困难，能够取得成功几乎是不可能的：极其贫寒的家境、没受过多少正式教育、时常生病的羸弱身体。

然而，"经营之神"松下幸之助却成功了。是什么力量让松下幸之助从这样的台阶上起步，最终取得成功的呢？只要了解松下本人的成长过程及其为人之道，就不难发现他的父母在其中所起的重要作用。

在松下幸之助4岁的时候，家庭的厄运接二连三地降临了。先是一场百年不遇的台风卷走了松下的祖宅，一家人陷入困境，风餐露宿。另外，当时日本西学之风和洋务用品日盛，乡间办起了股票交易所，吸引了不少农民涉足投机的买卖。松下正楠本来就是个不安分的农民，他加入交易所买卖，但没多久梦幻就破灭了，连祖宗留下来的土地房屋都赔了进去。为了生计，正楠只好到大阪去打工，每月给家里寄回微薄的生活费。松下幸之助从此开始了极端贫困的童年生活。

松下正楠在幸之助小的时候，曾经一次次为实现自己的理想而一次次独立经营，虽然没有取得成功，但是父亲的创业精神却给幸之助留下了深刻的影响。幸之助能够下定决心自己创业，与父亲松下正楠的忠告分不开："不要受别人雇佣，为别人支配，靠挣薪水过活，要自己做些买卖。"父亲最终没有让他上学，他也理解了父亲的心思，决心按父亲指引的路走下去，并且走一条属于自己的路。

松下10多岁时，一次上街，看到从国外引进不久的电车。他想，电可真有用啊！这可比马拉的车方便多了。他认定在今后的日子里电肯定会大有前途，于是离开了修车店，进电灯公司当了学徒。他在电气这个大有希望的产业中，满怀幻想地编织着自己的未来。他心中崇拜着发明大王托马斯·爱迪生这样的英雄。当时，他是公司最年轻的配线检查员，职位稳定，工资也不算低，一天的工作只要半天就干完了；况且他已结婚，用日本人的传统观念来看，他大概是要在这个位置上干一辈子了。但令人吃惊的是，24岁的松下幸之助，第四次更换了职业：他决心独立经营，当一个老板。

下这样的决心是不容易的。对于这种将深刻影响人生进程的重大决定，松下总是要再三思考的。受父亲的影响，他不满足眼下从容安定的工作。此外，虽然现实没有给他的行动提供范例，但他耳旁时刻鸣响着父亲的忠告：要自己做些买卖。不过，当你了解了松下独立经营后所遇到的困境，你就会更深地理解松下说的，这是他一生中"最大胆的决定"的话了。

松下真的当起了老板。他以好不容易积蓄起来的全部资金75日元作为资本,从事电灯插头的制造。结果他失败了。投入的本钱一下便无影无踪。但这一对年轻而不幸的夫妇并不灰心,狼狈不堪的他只好把妻子的和服当掉,换成现钱,以渡难关。他们继续努力研究。最后终于制成了新式的电灯插头,上市后受到欢迎。

从这里,可以体味到松下幸之助的人生哲学,那就是人生的成败本不稀奇,重要的是你要认准方向执著地走下去。能坚持走下去的人就是成功者,放弃的人则是失败者。当然对松下幸之助来说,他拥有走下去的信心和勇气,没有理由去放弃,因此他成功了。

父亲松下正楠在独立经营生意时,饱受磨难而不屈不挠,这种精神一直影响着他,因此松下幸之助和他的工厂以后虽遇到许多困难,但不仅没有被压垮,反而"越是面临难关,越要谋取发展",终于获得了世人所景仰的巨大成功,实现了父亲没能实现的愿望。

小时候,父亲松下正楠经常告诫幸之助:在人生的道路上,往往会遇到不少困难的事情,即使是有丰功伟绩的人,也不敢说自己不曾失败。正因为有过多次的失败,才会得到多次的经验;经过几次教训后,才能够成熟起来。

后来松下幸之助也经常用同样的话来激励和教育他的孩子,他经常强调,当遇到事情不顺利时,自己不要找一堆理由推卸责任。如果不肯承认失败,就永远不会进步。要是在失败面前强调客观原因,就只会使自己一再地处在失败和不幸的漩涡之中。事实上做事不顺利是情有可原的,一帆风顺就不叫人生,因此你没有理由因此而放弃,坚持走下去才是成功的前提。

松下幸之助的成长经历告诉我们:人不管失败多少次,如果不失去"再试一次"的勇气,就一定会成功。换句话说,就是没有再试一次的决心,则往往很难取得成功。

人的一生总会遇到失败，也许你选择了自己不喜欢的工作；也许因为看不到自己的缺点而烦恼不已；也许由于观念错误而招致失败，诸如此类，难以避免。

失败后该如何面对？不要迟疑，立刻制订计划，向新目标挑战，唯有一遍遍地向失败挑战，你才能成为成功者。

要想达到成功，就需要做到以下两点。

（1）不管中途发生了什么事情，绝不消极；

（2）最主要的是不怕失败，尤其不能失去再试一次的勇气，失败也能成为最好的教育，假如不再犯相同的错误，失败则可以成为成功的踏脚石。做到这一点，每遇到一次失败，就等于爬上了成功的一个阶梯。

从前，有一个男孩走路总爱摔跟斗，摔倒地后就爱坐在地上哭，他的母亲很恼火。后来，男孩的母亲给了男孩10颗黄豆，告诉他，每次摔跟斗哭的时候，一边哭一边在手上数黄豆。一天，男孩又摔跟斗了，哭着时他不忘从袋里抓出黄豆数起来，数着数着忘记了哭。后来，时间一长，他就学会了控制自己，也就能走稳路而不摔跟斗了。微小的黄豆并不起眼，而改造了一个人却是不争的事实。

人的一生，总有走好路或走不好路的时候。走好路或走不好路，只要人的心态摆得正，人生是没有过不去的难关。因此，一个人永远不要嘲笑别人的梦想，永远不要随便给一个人定性。

鲁迅说，世上本没有路，只因为走的人多了才有了路。

路有千条，正路、邪路关键看如何选择。要选择走路的方向，人是主要的决定因素。

路总是在人的脚下，然而路也会捉弄人。当人心情好的时候走路，路途就变短；当人惆怅的走路时，路途就遥远漫长……

有时，人到绝境，山重水复，但只要坚持再往前走一步就到了阳光大道，人生因此而柳暗花明；有时，那些看似平坦的路，却充满陷阱，使人寸步难行。因此，自己要选择走的路也不是那么容易。

　　人的一生，只要坚持走自己的路，并且走稳自己的路，哪怕自己走的路是一条崎岖的山道弯弯，充满荆棘，充满逆境，也不会在乎成功或失败，也就不在乎别人的评价。

　　当你决定放弃自己的坚持，而去选择与他人相同目标或是结果，理想便已离你远去，你得到的无非是一种虚幻的真实，而那又有什么意义呢？生活中不要无所谓，更不要想当然。做一个真正的自己，即使你努力去追求别人的生活，结果很成功，但那种欣喜若狂，倍感自豪的感受却永远不属于你。人生短暂，世间的一切恩恩怨怨，功名利禄，在一瞬间都将失去。行至水穷处，坐看云起时。古今多少事，都付笑谈中。生活的很多事都可能会使人惊叹，没有什么原因，只是因为，我喜欢，所以我去做！

世界著名家族教子羊皮卷

撒切尔家训：坚定自己的人生信念

玛格丽特·撒切尔是英国政治家、保守党领袖，英国历史上第一位女首相，并且三次蝉联英国首相，创下了英国历史上的先例。她在重大国际、国内问题上，思路清晰，观点鲜明，立场强硬，做事果断，在相当长的一段时间里影响了整个英国乃至欧洲，被誉为欧洲政坛上的"铁娘子"。她的一系列主张被称为"撒切尔主义"，她对英国的发展起到了巨大的推动作用，无疑是政坛中最杰出的女性之一。

玛格丽特的父亲罗伯茨是一个鞋匠的儿子，通过自己的努力，开了一个小杂货店以维持生计。父亲爱好广泛，热衷于参加政治选举。玛格丽特从小受父亲的影响，博览政治、历史、人物传记等方面的书籍，从小对政治就有相当多的了解。

撒切尔夫人绝非政治天才，她的性格、气质、兴趣等都深受父亲的影响，她的人生之路的成就都源于父亲培养起来的高度自信！

玛格丽特的家教是很严格的。从小父亲就要求她帮忙做家务，10岁时就在杂货店站柜台。在父亲看来他给孩子安排的都是力所能及的事情，所以不允许孩子说："我干不了"或"太难了"的话，借此培养孩子独立的能力。很小的时候，罗伯茨先生就谆谆告诫她千万不要盲目迎合他人。等到玛格丽特入学后，随着年龄的增长，她才惊讶地发现：她的同学有着比自己更为自由和丰富的生活，劳动、学习和礼拜之外的天地竟然如此广阔而多彩。她的同学可以与他们的朋友一起在街上游玩，可以做游戏、骑自

行车。星期天，他们又去春意盎然的山坡上野餐，一切都是那么诱人，那么令人愉快。

幼小的玛格丽特心里痒痒的，她幻想能有机会与同学们自由自在地玩耍。有一天，她回家鼓起勇气跟充满威严的父亲说："爸爸，我也想去玩。"罗伯茨脸色一沉，说："你必须有自己的主见！不能因为你的朋友在做某件事情，你就也得去。你要自己决定你该怎么办，不要随波逐流。"见孩子不说话，罗伯茨缓和了语气，继续劝导玛格丽特："孩子，不是爸爸限制你的自由。而是你应该要有自己的判断力，有自己的思想。现在是你学习知识的大好时光，如果你想和一般人一样，沉迷于游乐，那样一定会一事无成。我相信你有自己的判断力，你自己做决定吧。"听完父亲的话，玛格丽特再也不吱声了。父亲的一席话深深地印在了她的脑海里。她想：是啊，为什么我要学别人呢？我有很多自己的事要做，刚买回来的书我还没看完呢。

罗伯茨经常这样教育女儿，要有主见，有自己的理想，特立独行、与众不同最能显示一个人的个性。随波逐流只能使个性的光辉淹没在芸芸众生之中。

这样的家庭教育培养了玛格丽特高度的自信，独立不羁的个性使她常常有一种心理优越感。

玛格丽特所在的学校经常请人来校演讲，每次演讲结束，她总是第一个站起来大胆提问。不管她的问题是比较幼稚，还是比较尖锐，她总是充满好奇地脱口而出，而其他的女孩子则往往怯生生地不敢开口，她们只能面面相觑或抬眼望着天花板。

回家后，玛格丽特向父亲汇报学校的情况时，父亲总是鼓励她："孩子，你有这样的信心，我真为你感到骄傲。你一定会成为一个出色的辩论家。"

父亲的不断鼓励使玛格丽特对自己的口才充满了自信。上中学的时候，玛格丽特是学校辩论俱乐部的成员，演讲从不怯场。但老实说当时玛格丽特的演讲技巧一点也不高超，用她同学的话说是根本不能振奋人心，这自然不受同学欢迎。玛格丽特却毫不顾忌，一有机会就滔滔不绝上台演讲。有一次，因为她讲的内容大家不感兴趣，而且她又讲了很长时间，那时尽管台下时有嘘声，讽刺嘲笑随之而起，玛格丽特自信好强的个性却使她根本不把这些放在眼里，依然毫不脸红地演讲下去。

甚至到后来，听她演讲的人都跑光了，她却仍然坦然地把自己想讲的话讲完才停止。许多同学对她这种突出个性不理解，但她对别人的议论也毫不在意，一直维持着独立自信、我行我素的个性。

撒切尔夫人之所以能从一个普普通通的政治家，成为影响一个国家和世纪的国际风云人物，无疑与她具有坚定的信念是分不开的，而她的这种信念正是受父亲潜移默化的影响的结果。后来，撒切尔夫人又将这种信念传授给了自己的女儿。

玛格丽特·撒切尔后来虽然当上了首相，但她也没有放松对自己儿女的教育。她也如当初父亲鼓励自己一样时常鼓励她的孩子："一定要坚信自己的信念。"在她的教导下，女儿卡罗尔·撒切尔成为一名优秀的记者兼广播员。

社会学家库利认为：孩子掌握知识、发展人格的社会化的过程实际上是一个"镜中我"的过程，即孩子把别人对自己的评价当做一面镜子，然后按照这面镜子设计自己的人生轨迹。如果总说他学得不好，他自然会觉得学得没劲，或者干脆就不学了。

美国有一位著名的儿童脑神经外科专家，自幼患了一种学习障碍症，小学三年级以前，数学老师从未在他的作业本上打过对号。看到满本的错号，他的头胀得很大，可无论怎样努力，还是做不对。四年级换了一位数学老师，从此改变了他的命运。新老师拿起他的作业本，亲切地说："你太大意了，咱们再写一遍。"第二遍还是没对，可老师却在本子上打了几个对号。他激动得几个晚上睡不着觉，这对他来说太重要了。后来在老师的帮助下，他竟迷上了数学。

如果从追求真实的角度讲，教师也许不应该这样做，可教育更是一门艺术，应该求善求美。对于一个从未独立完成过作业的孩子，父母最好让他先做几道容易的习题，使他能够轻而易举地完成，再调整作业的难度。反之如果期望过高，孩子会因达不到要求而苦恼，父母也会因孩子的裹足不前而失望。

父母无论做什么事情，都要善于利用孩子的心理特点。抓住他点滴的进步和成功，对他做出的努力给予赞赏和鼓励。给予鼓励就等于积累一些积极的情感，让孩子觉得自己还行。积极的性格都是在你一次一次努力的过程中培养起来的。

 世界著名家族教子羊皮卷

麦迪逊家训：勇敢面对挑战

詹姆逊·麦迪逊生于弗吉尼亚的富裕的种植园主家庭，自幼受到良好的家庭教育。后来就读于新泽西学院（后来的普林斯顿大学）。毕业后，积极参加争取独立的斗争，逐渐踏入政坛，并脱颖而出。1774年，麦迪逊成为桔郡安全委员会的成员。1776年出席弗吉尼亚领导人会议，并协助制定该州新宪法。1780年，他入选大陆会议。1787年制宪会议召开，麦迪逊发挥了重要作用，被尊为"宪法之父"。1789年他当选为众议员。1801年担任杰弗逊总统的国务卿。1808年就任总统。

麦迪逊对美国的重大影响，是他的思想在政治制度建立中发挥了重大作用，他的人权主张和三权分立学说迄今仍是美国宪法的指导原则。他与杰斐逊一同创建民主共和党，使美国开始形成了两党政治。此外，他任职期间领导了美英战争，保卫了共和制度，为美国赢得彻底独立做出了杰出的贡献。

麦迪逊是美国伟大的总统之一，也是美国总统中身材最矮的，但在思想上他却是个巨人，被认为是比杰斐逊更伟大的人物。这一切不但归功于他那不同寻常的大脑，也归功于他那貌不惊人但具有勇敢精神的父亲。

麦迪逊的父亲老詹姆逊9岁的时候就失去了父亲，逼迫他要比常人更早地学会自强自立，并且能单独解决面对的困难，在他还没有成年的时候，就开始当家做主了。事实上他做得更好，不但没有被灾难压垮，而且还培养了自己果断和敢于面对挑战的性格。他的这种性格，后来逐渐成为麦迪逊家族的教子家训。

老詹姆逊很早就从事种植园的繁重劳动，并且和黑人奴隶一起劳作。作为当地民兵的首领，他也显现出了作为领袖的气质。在英法七年战争期间，英军布雷多克部队被击败，弗吉尼亚人都人心惶惶，乱作一团，但老詹姆逊临危不惧，组织了一支自卫队，保护当地的安全。

麦迪逊从小身体就不好，但父亲还是试图通过锻炼来增强他的体质，锻炼他的意志。他经常带领麦迪逊外出游览，很多时候都是骑马前往。麦迪逊很喜欢骑马，技术也很好。同时，他还学会了舞枪弄剑，既增强了体质，也培养了一种拼搏精神。他对问题理解透彻，处理难题有条不紊等过人的素质，也都得益于他父亲的教导。以至于他虽然说话的声音很弱，很多有权有势的人也不敢不压低嗓门去聆听他的意见。

从这样的家教氛围中就不难理解孱弱的麦迪逊何以有领袖的决断力。从在弗吉尼亚组织安全委员会开始，到制定美国宪法，麦迪逊就已经显露出来。面临严峻的挑战或者巨大的困难，他毫不畏惧，总是能坚持到成功的那一刻。在《美国宪法》制定的过程中，存在着很多的阻力，麦迪逊就是凭借着坚持不懈的努力，最终才使它顺利通过。不过由于他的出色表现，也使他遭到了反对联邦制的政敌的攻击，他们多次为他在仕途上设置障碍。当麦迪逊被提名为参议员时，政敌甚至夸张地宣称，如果麦迪逊当选就会引起一场革命，而且美国整个国土都将血流成河。但麦迪逊还是冲破了重重阻力，为实践自己的理念而斗争到底。

麦迪逊就是这样一位勇敢的总统。在他执政的过程中，遇到了重重困难，但他并没有被吓倒，而是鼓起勇气，勇敢面对。由此可见，勇敢面对挑战作为一种宝贵的人格品质，对于人一生的健康成长是多么重要！

作为父母，就要教育自己的孩子具有勇敢面对挑战的品质。具有这种品质的孩子，一般都有如下特征。

（1）开朗直率，敢说敢做

他们能与人正常地交往，并且没有任何心理障碍；做事情果敢，不优柔寡断，瞻前顾后；在大人面前，敢于发表自己的观点，较受同龄人的敬佩；危险面前，能见义勇为，乐于助人，表现出崇高的道德感情；学习效率较高。他们的勇敢面对挑战不同于鲁莽、粗暴、出风头，往往表现出机智、灵活、沉着、冷静，行为动作具有明确的目的性，并且雷厉风行，说干就干。

（2）意志坚强，勇于进取

他们在困难面前，比一般的孩子显得要顽强得多。有个孩子曾经在日记中写道："摔到了并不可怕，可怕的是摔倒后不能爬起来；惊涛骇浪不可怕，可怕的是在惊涛骇浪面前失去了镇定。要知道，在希望与失望的决斗中，如果你用勇气去面对挑战，那么胜利必属于希望。"这是一位具有勇敢面对挑战品格的孩子写的，可以看出他在学习、生活的困难面前所表现出的顽强勇气。

（3）富于激情，敢于创新

具有勇敢面对挑战品质的孩子，往往不满足于自己已有的知识、成绩、现状，不墨守成规；他们的思维总是处于兴奋、活跃状态，善于抓住新的知识，归纳出自己独特的见解。

对孩子来说，勇敢面对挑战的精神是孩子健康品格的重要组成部分，父母应该注意培养孩子的这种的性格。

有些父母常常为自己的孩子懦弱退缩、缺乏勇气而焦急苦恼。这样的孩子往往表现出不思进取、胆小怕事、缺乏创新、优柔寡断等特征。交往上，沉默寡言，服从性强，孤僻拘谨，往往屈从于别人的意志；活动上，不敢出头露面，积极参与，往往缩手缩脚；学习上，不敢奋力进取，力争上游，往往消极应付，容易满足。

作为父母，应该怎样培养孩子勇敢面对挑战的品格呢？培养孩子的这种精神可以从以下几个方面着手。

（1）给孩子进行榜样教育

榜样的力量是无穷的，父母可以经常给孩子讲一些不怕困难、不怕牺牲的勇敢者的故事，来培养孩子面对挑战的性格。如果孩子害怕走路，你不妨给他讲讲英国探险家斯科特征服南极的故事；如果孩子怕用电，你不妨给他讲美国科学家富兰克林发现雷电的故事；如果孩子害怕失败，你可以讲讲美国大发明家爱迪生怎么经历了上千次失败发明电灯的故事，讲讲德国细菌学家埃尔利希怎么经过上百次的失败而发明了一种新药的故事。

（2）让孩子多参加挑战性的活动

假日里，父母可以带孩子去旅游参观，登山攀高，或到江湖里去划船、游泳，借以锻炼克服困难的勇气。去公园里玩，鼓励孩子走一走"勇敢者之路"，如独木桥、铁索桥。鼓励孩子参加体育锻炼，参加足球、乒乓球队，这些体育活动竞争性强，有助于勇敢面对挑战品质的培养。

（3）引导孩子多与他人交往

有的孩子不怕困难，但让他当众讲个故事，则又扭扭捏捏，这也是一种懦弱的表现。父母发现这种情况后，应该经常带孩子参加社交活动，并鼓励孩子讲话，鼓励孩子发表自己的看法。用多种方式引导他与同龄人接触。父母可以有意识地帮助孩子开展交友活动，如请邻居或同班较熟悉的小朋友到家里玩，或与孩子们一同走进大自然，积极创造一种轻松、欢快的氛围。在这种氛围中，孩子的个性可以尽情展露，无所顾忌。

（4）培养孩子自理生活的能力

父母应相信孩子的能力，凡事都要他自己动手，遇到问题要尽量让他自己解决，同时要培养孩子不怕失败、百折不挠、勇敢顽强的精神，让孩子甩掉处处依赖父母的"心理拐杖"，独立行走。

孩子作为未来世界的主人，需要具有勇者的气质，敢于面对一切强手，具有无所畏惧不屈不挠的心理素质和竞技状态。因此，要想让孩子在学习、生活中获得成功，就应该从小培养这种品质，而家庭教育又是诸多教育渠道中的重要一环。

华盛顿家训：勇敢承认错误

华盛顿的家族是英国古代一个家系的后裔，这个家族在向美洲大陆移民、征服印第安人的战争中立过战功，所以这个家族的后裔，总带有某种世代相传的军人气质。这个家族的家谱可以追溯到诺曼底人征服英国以后的那个世纪。华盛顿的曾祖父约翰·华盛顿于1657年从英格兰的北汉普敦迁来新大陆。父亲奥古斯丁·华盛顿于1694年出生，以"高贵的外貌和男子汉的举止"闻名乡里。乔治·华盛顿于1732年出生，在四兄弟中年龄最大。在他出生后不久，父亲就搬到斯塔福德县的一座庄园去。这座房子坐落在一块高地上，是华盛顿童年时代的家。

华盛顿是美国的"国父"，他靠自己过人的才能、高尚的情操和领袖的风范，赢得了所有人的尊敬。而他那充满传奇色彩的成功之路，正是从弗吉尼亚一个普通的农庄开始的。他受到的质朴的家庭教育，使他成为一个质朴无华、大智天成、理想高远的人，进而成为美利坚的缔造者。

华盛顿获得了人们的普遍尊敬，甚至到了被神话的地步，正如同林肯所说："给太阳增添光辉或给华盛顿的名字增添荣耀都是不可能的。任何人都不要做这种尝试吧。满怀敬畏之情，我们呼唤着他的名字，他英名不死，永放光芒。"爱德华·埃弗雷特在他那篇传颂美国的著名演讲《华盛顿的品德》中更是充满激情地说道："24岁的华盛顿是男性力量和美的典范，他具有绅士和战士的所有品德和功绩，他的智慧和思想超出了他的年龄。在事业刚刚开始的时候，他就领悟到，爱和信心往往只能通过为人服务而获得。在我们民族史册上第一次探讨伟大的名字、伟大的事件和伟大的改革，以及力求才智的普遍发展的时代，华盛顿是最伟大的人物。"

华盛顿的父母认为敢于承认错误是一个人最重要的道德品质，他们在家教过程中一直贯穿着这种家训教育，留下了不少有趣的故事，其中砍樱桃树是最典型的一个。

有一天，父亲送给了华盛顿一把小斧头。斧头是崭新的，小巧而又锋利。华盛顿非常高兴，在手里把弄着，寻找可以砍的东西，不一会儿，院子里的杂草已经东倒西歪了。父亲见他高兴的样子，就让他把杂树也砍了，正好清理一下院子，嘱咐他不要砍伤自己，然后就出去了。华盛顿有了父亲的指点，挥动斧头，很快就把杂树砍完了。他意犹未尽地四处搜寻，看到了父亲亲手栽种的樱桃树。他心里想，父亲用大斧头能砍倒大树，我的小斧头能不能砍倒小树呢？一时兴起，就跑到樱桃树下，几下子就把一棵砍倒了。看着好端端的樱桃树倒在了地上，华盛顿才冷静下来，意识到自己犯了一个不可饶恕的过错，赶紧躲到屋子里去了。

不一会儿，父亲回来了，看到自己精心培育的樱桃树倒在地上，非常生气。他气冲冲地问道："是谁砍倒了我的樱桃树？"家里人听到父亲在怒吼，纷纷跑了出来，表示不是自己砍的。华盛顿想起父母的教导："不要怕承认错误，要做一个诚实的人。"于是他跑到父亲身边，说道："爸爸，是我砍倒你的樱桃树，我想试一下小斧头快不快。"

华盛顿以为父亲一定会严厉批评自己，没想到父亲听了他的话，不仅没有打他，还一下把她抱起来，哈哈大笑，高兴地说："我的好孩子，爸爸宁愿损失一千棵樱桃树；也不愿你说一句谎话。"

华盛顿的诚实和敢作敢当的性格，在这个质朴的家庭里得到进一步的锤炼。和那些动辄惩罚孩子的父母相比，华盛顿父母的鼓励式教育，让孩子在不知不觉中走上了正确的人生之路。

华盛顿的成长之路与其家族那种军人气质对他的影响有直接关系。华盛顿虽然没有自己的亲生子女，但他的养子也继承了他的衣钵，成为一名军人。

试想一下，如果乔治·华盛顿向父亲承认错误后，得到的是父亲的一顿暴打，华盛顿以后肯定不敢承认错误了。作为父母，应该让孩子知道对父母讲真话并不可怕，完全可以得到父母的谅解。只有这样，孩子才会勇敢地承认错误，才不会对父母撒谎。

许多父母认为严厉的惩罚可以制止孩子撒谎，事实上并不这样。严厉的惩罚会让孩子产生强烈的恐惧感，从而不敢面对事实，不敢面对父母，这样孩子就会产生一种自我防卫的心理，进而会将撒谎"进行到底"。因此，父母在发现孩子犯了错误之后千万不要着急、气恼，更不应不问青红皂白就把孩子狠狠地训斥一顿。明智的父母会给孩子改正错误的机会，会耐心地引导孩子承认错误。当孩子主动承认错误时，父母应该给予鼓励，并肯定孩子说实话是好的表现，然后指出错误的危害性，让孩子在鼓励中知错改错。

当孩子有说谎的毛病时，父母要做的是对孩子的行为进行观察，必要时对孩子的言行做调查核实，这样可以堵住孩子说谎的漏洞，或者使孩子的谎言不攻自破。父母切记：千万不要让孩子尝到说谎的"甜头"。

勇于承认错误是很难得的品质。做父母的一定要鼓励孩子勇于承认错误，并给予奖励、表扬。此外，父母要帮助孩子找到犯错误的原因，然后和孩子一起寻求解决的办法。很多时候，失败的经验及教训更能够推动一个人的成长。高明的父母可以让孩子在否定自我的过程中看到自己的成长，体会到更深刻的成就感。

人没有完美无缺的，因此，有时难免会犯错误。人的一生就是在不断地犯错误、不断地改正错误的过程中度过的。每个人对待错误的态度都不一样，有些人不仅不承认错误，还要找一大堆理由为自己开脱，想隐瞒错误，结果却只会犯更大的错误。有些人则敢于面对错误，承认错误，改正错误。

卡尔·威特家训：你一定行的

卡尔·威特是19世纪德国一个有名的奇才。他7~9岁时就能自如运用德语、法语、意大利语、拉丁语、英语和希腊语六国语言，并且通晓动物学、植物学、物理学、化学，尤其擅长数学；9岁时进入了哥廷根大学；年仅14岁就被授予哲学博士学位；16岁获得法学博士学位，并被任命为柏林大学的法学教授；23岁他发表《但丁的误解》一书，成为研究但丁的权威。

卡尔·威特小时候不仅不聪明，而且先天不足，出生时体重不过两公斤，两只手和两只脚不停地抖动，哇哇的哭叫声像中毒的小老鼠。邻居们背后纷纷议论，说卡尔·威特是个白痴。

然而，卡尔·威特的父亲老威特不这样认为，他是个有惊人独特见解的人。"你是非常聪明、非常好的孩子。"这是老威特在对卡尔·威特的教育之中用得最多的一句话。每当儿子遇到困难和挫折时，他总是用这句话帮助儿子摆脱内心的苦恼。他认为对孩子适当的夸奖，不仅表明自己对孩子有信心，而且也能坚定孩子的信心。

每当卡尔·威特痛苦和失落时，父亲就会对他说："你一定行的，我相信你。"每当卡尔·威特做了一件好事，父亲总会夸奖一番。这时卡尔·威特总会眉飞色舞，信心百倍。而"你一定行的，我相信你"也成了威特家族的家训。

卡尔·威特在刚开始学习写作的时候，对自己的能力一点儿也没有信心。当他战战兢兢地把他的第一篇文章递给父亲时，老威特就注意到他严重的不安，似乎在等待着父亲的审判。老威特读完文章后，发现那的确是一篇很糟糕的文章：主题没有阐述清楚，句子不完整，还有很多错别字。在老威特沉默之余，卡尔·威特用忧伤的眼神看着父亲。可他没有想到，父亲却对他说了一句令人兴奋的话："非常不错，这是你第一次写作，爸爸刚开始写作的时候比你差远了。"这时卡尔·威特的眼光中闪烁出兴奋的光芒。不久卡尔·威特又递上了第二篇文章，与第一篇相比已有天壤之别了。

很显然，这是老威特对他实行赏识教育的结果。老威特在《卡尔·威特的教育》中写道："在我对儿子的教育中深深地感到，最重要的教育方法就是鼓励孩子去相信自己。卡尔的成功在很大程度上应该归功于我对他年幼时的夸奖。"

只要教育得当，孩子包括那些天资并不好的孩子，都是可以成长的。然而在现实生活中，不少的父母吝啬用赞美之词来赏识自己的孩子。当100分的试卷孩子考了98分，却说："为什么考不到100分？"当100分的试卷孩子考了100分，还要追问："有几个人得100分？"当得知不止一人得100分时，仍忘不了教训一番："得意什么呀？又不是你一个100分！"如此这般，就是学习成功的孩子也很难得到亲人的赞赏，缺少成功后的快乐体验；学习略感吃力的孩子，则时常领受着父母的责备和埋怨。孩子对前途茫然的心理，就不难理解了。当今在应试教育的重压下，本该富有人情味的家庭教育被异化了，做父母的忘记了对子女作为一个人、一个有着精神情感的人的应有尊重和信任，更忽略了孩子之间所存在的差异。

"赏识教育"需要以赞赏的眼光来看待孩子，随时表扬孩子取得的一点点进步，以微笑和大拇指表达赞扬，并承认孩子有差异、允许孩子失败,同时也教育孩子用赏识的眼光看待世界。

赏,含欣赏赞美之意。识,是肯定认可。赏识教育就是通过激励表扬手段,肯定孩子的优点、长处,鼓励他不断追求成功。有位心理学家说过:"人类本质中最殷切的需求就是渴望被赏识"。

心理学家曾经做过这样的实验:有两组男孩,先让他们一起长跑消耗体能,然后一组接受严厉的批评,另一组得到热烈的称赞,随之马上进行体能检测,结果发现被批评的那组孩子,就像泄了气的皮球——无精打采,体能处于崩溃状态;而被表扬的那组孩子,脸涨得通红,呈现出一种仍想拼搏的状态,体能得到迅速恢复,心情舒畅、自信。心理学家告诉我们:赏识、赞美孩子,对优化孩子的心理十分有利,既能快速抚平孩子体能上的创伤,也能促使孩子心理的健康发展。

父母对孩子的好思想、好行为做出肯定的评价。这种正面教育的方法能对孩子们起鼓舞和激励的作用,能激发孩子们的自信心。当然,成功的赏识教育对父母有要求。父母要正确客观地认识孩子,了解孩子的身心需要,适当把握赏识力度,对不同的孩子赏识的程度应有所不同。

赏识孩子是一种艺术,只有掌握了这种"艺术"的要领才能真正教育好孩子。

(1)尽量避免当众表扬

许多父母都喜欢当众表扬孩子,对孩子的某些特长,甚至让孩子当众"表演",认为这样做可以增强孩子的自信心,其实这样夸奖很容易造成孩子爱虚荣、骄傲自满的倾向。一些被当众夸惯了的孩子,有一点好的表现没被注意到,就会感到委屈,甚至有的孩子为了得到夸奖而弄虚作假,这样对孩子的成长非常不利。

(2)表扬要及时

对孩子的好行为要及时予以表扬,使这一行为在孩子的思想中得到强化，及时的表扬犹如生病及时服药一样，对年幼的孩子会产生很大的作用，一旦发现孩子有好的行为，就应及时表扬，这样会收到良好的教育效果。如果时过境迁，孩子对自己曾经做过的事已经模糊甚至忘记，这时再表扬孩子，效果就会减弱。

（3）表扬要有针对性

常听见一些父母说："我们的孩子很能干"、"小宝贝很听话"，但究竟能干、听话在哪里，大人没有具体讲，孩子就只有一个笼统的、模糊的概念，认为大人夸自己能干，我就什么都能干。这样的强化教育就不能收到良好效果。

表扬的目的是让孩子明白哪些行为是好的，以增强孩子的好行为，所以表扬最重要的原则就是：要针对孩子对某一件事付出的努力，取得的效果，而不要针对孩子的性格和本人。如在孩子把玩过的玩具整理好后，我们若说："你真是个好孩子"，这样孩子就可能弄不清父母是表扬他玩具收拾得好，还是赞扬他不再玩玩具了。而父母若说："你把玩具收拾得这么好，我真高兴。"这样孩子就会明白这种行为是好的，以后还要这样做。逐渐形成良好的生活习惯。

（4）表扬要注意个性

对性格内向、个性懦弱、能力较差的孩子就要多肯定他们的成绩，增强他们的自信心。反之，对虚荣心理强、态度傲慢的孩子则要有节制地运用表扬；否则将会助长他们的不良性格，影响他们的进步。

（5）表扬要适度

过分的表扬易使孩子骄傲自满；过少的表扬也不利于孩子身心健康发展。孩子的成长需要父母的鼓励和爱抚。有一个小男孩不管有没有病都向妈妈要药吃，原来这妈妈平时不经常表扬孩子，只有当孩子有病吃药时才说上一句"能干"，致使孩子经常以吃药来换取表扬，求得心理上的满足。

另外，即使孩子是各方面表现都优异的"好孩子"，过度地夸奖和赏识他们，可能会带来以下不良的影响：一是增加孩子的依赖性。越是夸奖，孩子就越依赖大人们的选择来决定什么是对什么是错，而不是形成自己的判断；二是会剥夺孩子的自豪感。

儿童教育专家玛莉琳·古特曼认为，那些小时候经常受到父亲表扬的孩子，在他们步入生活后很可能会遇到更多的失望。过分"赏识"你的孩子，会滑向溺爱的沼泽，对孩子有害无益，结果会害了孩子。

第五章
心理

　　一个人的心理素质是在先天素质的基础上，经过后天的环境与教育的影响而逐步形成的。父母对孩子的心理素质教育不可能要求每个孩子都像历史上和现实中的杰出人物那样发挥潜能，做出卓越的成就。但心理素质教育应当促进孩子提高心理机能，尽可能多地发挥自己未发挥出来的潜能，使弱智者增智，低能者增能，智者更智，能者更能。

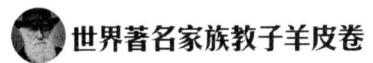
世界著名家族教子羊皮卷

老舍家训：勤奋是做人的根本

据《左传》所载，周朝皋陶的后代被封于舒国（在今安徽省庐江县西）。公元前657年，舒子平被徐国所灭。后又复国，称为舒鸠国。公元前552年，又被楚国所灭，子孙以"舒"为氏。

老舍原名舒庆春，满族人。现代著名作家，杰出的语言大师。他从20世纪20年代起从事文学活动，先后创作了著名长篇小说《骆驼祥子》、《四世同堂》等。解放后，担任中国文联副主席、中国作家协会副主席等职，写了《龙须沟》、《茶馆》等三十多个剧本，被誉为作家劳动模范，北京市人民政府曾授予老舍"人民艺术家"光荣称号。

老舍的母亲是一个旧中国典型的劳动妇女，勤劳持家、自立自强。她在丧夫之后，竭力撑起了整个家。皇上跑了，丈夫死了，鬼子来了，满城是血光火焰。老舍的母亲在刺刀下、饥荒中，保护着儿女。

有一年的春节，还不太懂事的老舍跑来向母亲报告："妈，开当铺的刘家刚宰了两口肥猪，放债的孙家请了两座供佛的蜜供，像小塔那么高。他们家过年怎么有那么多好吃的东西呢？"母亲忍住悲痛，对儿子说："咱们家吃饺子，咱们自己包的饺子最好吃。"是啊，为了能让孩子们在春节吃上一顿带肉的饺子，母亲在年前就得加紧干活，多挣钱，这已经是非常不容易了。

母亲告诉孩子，自己家的饺子虽然肉少菜多，但这是靠劳动挣来的，来得正，所以吃起来也就特别香。

老舍发现，母亲的手终年都是鲜红和微肿的。白天，她要洗满满两大盆的衣裳；晚上，她要在一盏小油灯下，缝缝补补，每天操劳到半夜，并且常年都得不到休息。

老舍在20世纪30年代曾写过一篇名叫《月牙儿》的短篇小说，其中有几段描写，可以说完全是他母亲的真实写照：

"妈妈整天给人家洗衣裳。"

"有时月牙儿已经上来，她还在哼哧哼哧地洗。那些臭袜子，硬牛皮似的，都是做买卖的伙计们送来的，妈妈洗完这些牛皮就吃不下饭去。"

"妈妈的手起了层鳞，叫她给搓搓背，顶解痒痒了。可是我不敢常劳动她，她的手是洗粗了的。她瘦，被臭袜子熏得常常吃不下饭。"

母亲要强、勤劳、办事认真的美德从小影响着老舍。母亲干活的时候，老舍帮着打下手：递烙铁、看火、送热水和凉水，他为能减轻母亲的一分劳累而高兴。老舍一生也在辛勤为人民写作，建国后17年的时间，他发表、出版的戏剧、曲艺、论文等作品，总数约300万字，每年为人民贡献近20万字的精神食粮。

老舍从母亲那里继承了勤奋的良好习惯，并把这种勤奋传授给了自己的下一代。老舍的儿子舒乙1954年9月留学苏联，在彼得格勒基洛夫林业技术大学攻读林产化学工艺木材水解专业，五年后以全优成绩毕业。回国后分配至中国林业科学院从事科研工作，1960年入林科院南京林产化学工业研究所，参加林业部组织的木材水解科研重点试验，完成中间试验和成果鉴定。1978年调北京市光华木材厂当工程师，后晋升为教授级高级工程师，领导科研室和中心实验室，荣获全国总工会颁发的"技术革新全国先进单位"称号。

人世间，思想家、科学家、艺术家、作家，大凡有成就的人都是勤奋的人。

劳动创造了人，劳动能使人更接近完美的层次，不劳动，则使人朝相反的方向退化。

孩子也是这样。聪明而勤奋的孩子，会变得更聪明，更爱学习，更爱劳动，更正直；聪明而不勤奋或过去勤奋后来懒惰的孩子，会变得自私，贪婪，作弊，会产生许多不劳而获的愚蠢的想法，以后还可能走上犯罪道路；不聪明而又懒惰的孩子，必然成为家庭的负担，将来到社会上便是社会的负担。

华罗庚说："勤能补拙是良训，一分辛苦一分才。"成人不自在，自在不成人。一个人想要自由自在，轻轻松松，不勤奋，不付出艰苦的努力，是永远成不了才的。有的孩子老长不大，有的孩子长大了也未成人，主要原因就在于此。

宋代王安石写过《伤仲永》，那是一个典型的不进则退的故事。天赋、天资、素质上超过常人，只是具备了比较好的接受知识、增长才干的基础和条件，如果从此不再勤奋努力，智力也会衰退，神童也会变愚蠢。

世界著名科学家牛顿，很少在两三点钟以前睡过觉，为完成实验，常常彻夜不眠。被人们誉为"书圣"的王羲之，几十年如一日，刻苦练笔，从不间断，竟然将绍兴兰亭旁的一池清水变成"墨池"。时间是最公平最合理的，它从不会多给谁一分，勤奋者能叫时间留给他一串串果实，懒惰者只能被时间毫不留情地留给他一头白发，两手空空。

上学阶段是人生机会最公平、最均等的阶段。不管家境多么贫寒的孩子，只要他春天辛勤耕耘，秋天就能成为学问上的富翁。反过来，任你是总统、首相、亿万富翁的儿子，春天不耕耘，不劳作，秋天照样做学问上的穷人，学问上的乞丐，学问上的小偷。

我们要让自己的孩子做人，我们绝不能上只会吃喝玩乐的"猪鸭"们的当。我们要向自己的孩子大声疾呼：勤奋是做人的根本。

科学家们说：

天才出于勤奋，聪明在于积累。

成功等于99分汗水加1分灵感。

可以找一些名人论勤奋的名句告诉孩子们。

勤奋是做人的根本，吃喝玩乐只是做人的树叶。

"勤奋生智慧，勤奋造天才。"知识的海洋是广阔无垠的，一个渴望得到真正知识的人必须勤奋努力，练就坚持不懈的顽强毅力，向愚笨索取智慧，向平庸夺得天才。

李苦禅家训：从艺先做人

李苦禅是我国当代著名的国画家和美术教育家，生前曾任中央美术学院教授、全国政协委员、中国美协理事、中国画研究院委员。他的美术作品雄浑厚朴，磅礴大气，天趣自然，个性鲜明，与国画大师潘天寿并列为当代两大写意花鸟画家。李燕是李苦禅的儿子，在李苦禅的悉心教育下，李燕在画坛上脱颖而出，所作之画也颇有造诣。

李燕，当代著名国画家，自幼受父李苦禅之教，嗜于艺术。1966年毕业于中央美术学院中国画系。擅中国画，兼及诗文。出版有《李燕动物速写》、《李燕人物画集》、《李燕动物画集》及《苦禅画鹰》、《风雨砚边录——李苦禅及其艺术》、《儿童画国画》、《画猴》等专著。曾任清华大学工艺美术学院教授、中国美术家协会会员、"李苦禅纪念馆"副馆长、国际周易协会会员。

"人必先有人格，尔后才有画格；人无品格，下笔无方"，这是李苦禅对儿子李燕常说的一句话，这也是他教育孩子的主要家训。他认为做事必须先做人，培养孩子必须先要培养孩子健康的人格。孩子未来能否成为一个重道德、品格优秀的人比是否具有丰富知识和才华更重要。

李苦禅平时就十分重视对儿子的品格教育，他经常对儿子说："秦桧并非无才，他的书法也非常好，只因人格恶劣，嫉恨贤达，诬杀忠良，害死岳飞，才令百代世人切齿痛恨，见其手迹无不撕碎如厕或立时焚之。据说，留其书不祥，会招祸殃，实则是憎恶其人，自不会美其作品了。"又说,"如果作者人格卑劣,没有人格,实在与艺术没有缘分,枉言真美善!"

李苦禅如此教子,也是这样做人的。

1937年,北京在日本铁蹄的践踏下沦陷了,伪"新民会"妄图拉拢社会名流为其装点门面,便派人来请李苦禅"出山",并承诺:"您要答应了,有您的官做,后头跟个挎匣子(枪)的,比县长还神气哩!"李苦禅不为所动,凛然而拒。此后,他断然辞去了教学职务,专以卖画为生。

一天,有个汉奸来求画扇画,李苦禅草草画就,并大草一行:"日月已沉海,蛟龙乱升天!"这个汉奸附庸风雅,不识草字,竟满意而归。

"文革"后的一天,李苦禅叫来儿子,说有关部门通知前往认领散乱的查抄物品。他对儿子再三叮嘱:"上次叶浅予和陆鸿年把错领的那些东西都退给咱们了。这正是看人心眼儿的时候,咱们要错领了,也要还人家啊!"也真让李苦禅说着了,在李燕领到的《杂画一批》中发现一卷二十件黄宾虹未装裱之作,上有二三件书有李可染的上款。李燕遵父嘱,当即交还工作人员,并立即通知李可染。李可染见心爱之物完璧归还,喜不自胜。李苦禅听说后,也非常高兴。当时在场的友人曾开玩笑地说:"何不趁此跟那位李先生讨幅牛?"原来李可染画牛是出了名的。但李苦禅却连声说:"物归原主是应该的!"

父亲的一言一行,儿子都看在眼里,记在心头。

李苦禅逝世后,李燕曾在《风雨砚边录——李苦禅及其艺术》一书中详细谈到此事,父亲的品格教育对他的影响可谓至深。

对于大多数孩子来说,父母的影响力通常不在于他们说什么,而在于他们做什么,在品格方面尤其如此。

有人认为只有知识本领才是实实在在的,才值得大力去抓;道德人格是抽象缥缈的,无从着手,抓不抓无所谓,对孩子教育更多注重才艺的培养而忽略品格的影响。

由于现代社会竞争激烈，许多父母不免会认为培养孩子念书，取得高学历后，能有一份稳定的工作，就是父母的全部责任，这是不全面的父母观念。真正影响孩子一生的其实是品格教育。很多成功的伟人身上都具有良好的品格，例如坚韧、诚实、负责任，这些品格不是念书可以学到的，这同样说明一个人的成功不只在于会不会读书，更在于有无良好的品格教育。父母要如何让孩子有正确的品格教育呢？很多教养孩子的书籍，都着重在教养的方法和技巧，其实教育孩子应该要有全方位的考虑，即要有全面教育的思想意识。

可一些急功近利的父母看不到、顾不上这些，在他们眼中，多才多艺就是孩子教育的一切。有关媒体曾经指出，现在的小孩，几岁、十来岁的小家伙，或弹琴，或跳舞，或玩电脑，个个都有一身才艺。但他们的一些语言和行为却令人瞠目结舌。

美国微软总部副总裁李开复曾说，父母是孩子的第一个偶像。在他的心目中，他父亲是道德和正义的化身，给他留下经久不褪的烙印。当他多年以后回想当日情景，才明白是父亲为他上了宝贵的第一课，给了他第一个人生启示，而那并不是父亲的成就，而是父亲的品行。很多年以后，才华出众，已成为世人瞩目的计算机科学家的李开复，仍然认为一个人最重要的素质不是智力，而是品格。希腊悲剧诗人索福克勒斯说："父亲的成就是儿子最大的荣耀；儿子的善行是父亲最大的骄傲。"

李苦禅认为，品德是一种教养，是通过教育而养成的一种品质和习惯。优秀的品德来自于良好的教育和好习惯的养成，缺一不可。品德不是天生的，与遗传几乎是不相关的，完全是后天和社会的产物。

一个具有优秀品德的人，往往表现出忠诚、勇敢、勤勉、坚贞、吃苦耐劳等品质，这些品质大多是从小通过所接受的教育而逐步养成的。这种教育，更重要的是父母的言传身教，以及社会环境的影响，而在孩子很小的时候，更取决于父母对子女品德的影响。

家庭要重视孩子的道德教育。但丁说过："道德常常能填补智慧的缺陷，而智慧却永远填补不了道德的缺陷。"有的人很聪明，但缺乏道德教育，他们把无聊的任性、散漫的乖僻、狂妄的自尊等看做是"个性"，使得聪明在他们身上成了贬义词。

从小培养孩子的道德品质，必须从以下几个方面入手。

（1）形成孩子正确的道德认识

孩子对各种道德现象的认识还很浅薄幼稚，对人的道德评价往往以成人的评价为依据，所以父母对周围现象和行为的评价，应是非分清，善恶分明，给孩子打下爱憎分明的烙印。例如，同伴间玩耍常会出现哭闹现象，有的父母会问清原因，帮助孩子正确解决同伴间的纠纷。而有的父母见自己孩子哭，不问青红皂白就对孩子说："就知道哭，你没长手，别人打你你不能打他？真没出息！"这种成人错误的评价，将会使孩子的行为出现扭曲。父母可利用童话和游戏帮助孩子形成正确的道德认识。例如，让孩子装扮社会生活中警察、营业员、医生等角色，帮助孩子纠正与角色身份不相称的行为。

（2）丰富孩子的道德情感

要利用电影、电视、儿童读物中优秀的道德形象引起孩子情感上的共鸣，做到"以情育情"。还要经常运用孩子周围生活中具体的事情感染孩子，做到"以境育情"。例如，参观现代化工厂、亲朋好友的新住房等，让孩子了解家庭和家乡的变化，带孩子游览名胜古迹，激发孩子爱祖国爱家乡的情感；

（3）训练孩子的道德行为

孩子的情感易冲动而不稳定，而且自制力和坚持性差，所以孩子道德认识常常和道德行为脱节，父母应加强对孩子具体道德行为的指导、督促和检查。

父母对孩子正确的行为要不断强化，及时肯定与鼓励孩子的正确行为，纠正错误行为，父母应创设机会，让孩子做一些力所能及的事，如分苹果、接待客人、将自己的玩具给小朋友玩、洗自己的手帕等，在情景中让良好的行为经常重复发生，从而形成习惯。

孩子的品德、修养，展示着国家新一代的精神面貌、文明素质，其重要性自不待言。然而，有的父母违背教育规律，偏重对孩子的知识、才艺培养，忽视德育教育，已造成了人才培养方向上的错误。一些父母默许的评价标准就是：只要学习成绩好，其他一切都次要。殊不知，这种想法是非常错误的。

霍英东家训：谁不能主宰自己，就永远是一个奴隶

霍英东先生是香港著名的实业家。他为了新中国的富强做了许多令人难以忘怀的好事、实事。他的行动也影响了儿子霍震霆。

霍震霆，著名实业家霍英东先生的长子。美国加州大学毕业，现任霍氏集团执行董事，香港立法会委员。从1970年开始。他和父亲一起为中国体育重返国际赛场而四处奔走。1999年，他提议香港申办2006年亚运会。2001年，他参加北京奥申委的工作，并当选国际奥委会委员。

意志力的心理基础是摆脱对他人的依赖，相信自己的力量。正如歌德所说"谁不能主宰自己，就永远是一个奴隶"。霍英东深谙其道，为了使霍震霆今后不成为自身软弱的奴隶，不成为客观逆境的奴隶，不成为他人意志的奴隶，他从小就大胆放手，培养儿子的自主意识，从而为他奠定了一生之本。

霍英东18岁起当苦力、小店员，后以一条拖船发迹，如今建立起了拥有90亿港元的经济集团。他的经历告诉他，教育子女，必须培养他们的坚强毅力、创新意识和竞争意识。为了培养孩子们独立勇敢的品质，儿女小的时候，他曾经专门聘请游泳名将教他们学游泳。两年光阴过去了，孩子们还是"浮"不起来。于是他把教练"炒"了，自己当教练。他把那些不肯下水的小子统统打下水，逼着他们自己找到浮起来的本领，结果孩子们都"浮"起来了。

1958年，霍震霆被送往英国求学。学习期间，父亲常常提醒儿子

说:"你与父亲年幼时所处的时代大不相同了,一要好好学习,二要精通外语,三要懂国际贸易,四要读书做事都要为中国人争气,否则我不能用你。你要记住歌德的话'谁不能主宰自己,就永远是一个奴隶'。"

1968年,当霍震霆22岁学成返港后,霍英东便委其重任。这样做,一方面是想试一试儿子的能力如何,另一方面是为让儿子在实际工作中经受锻炼。霍震霆领父命,带着400多人的施工队伍开赴文莱,在该国首都斯里巴加湾港兴建大型货柜码头,把这个港口改造成现代化的深水港。这是关系到文莱经济发展的一项关键工程。文莱政府对此项工程十分重视,在全世界为这项工程招标,结果霍英东的有荣公司击败20多家竞争对手而胜出。

如此重要的工程,又在海外施工,初出茅庐的霍震霆能否胜任呢?这令许多圈内人士大打问号。霍英东没有正面回答朋友们的疑问,而是大谈以前教子游泳的事。他以教游泳比喻培养子女的办事能力,说:"道理是如出一辙的,一定要大胆放手,不能瞻前顾后,否则会淹死的。"

文莱位于赤道附近,气候湿热多雨,当时的经济十分落后,有荣公司的职工在这个伊斯兰国家施工,不仅工作困难多,而且在生活上也有很多不习惯的地方。霍震霆鼓励职工,一定要克服困难,把工程搞好,他说:"这是香港华人企业第一次在海外承包工程,工程能否按时完成,工程完成的质量好坏,不仅关系到公司的荣誉,也关系到我们中国人办事到底行不行的问题。"

霍震霆果然没让父亲失望,他率领着员工勤奋工作,受到了文莱官方的好评。霍震霆出道后的第一炮就为父亲和中国人争了光。

在霍英东教子游泳的故事中可找到这样一个道理:那就是父母的责任不是让孩子依附于他们,而是使孩子独立。当孩子面临人生大事的时候,父母应有意而顽强地锻炼孩子自主、独立、坚强的性格,敢于让孩子面对困难。父母的鼓励和支持可以帮助孩子学会战胜困难的本领,而不是直接为他解决困难。

在中国，很多父母都很爱孩子，很尊重孩子，但像霍英东这样敢于放手的却寥寥无几。西方发达国家的家庭教育则不同，他们从幼儿开始就大胆放手让他们养成独立自主的生活能力，例如，对不到周岁的孩子，就开始让他们自己抓饭吃（因不会用餐具，就用手抓），即使吃得满脸、满身，也要让他们自己吃，所以当孩子到一周岁时，已能自己吃得很像样了；孩子在蹒跚学步时，免不了要摔跤的。当孩子跌倒时，他们的父母亲不是首先扶起孩子而往往只是说一两句鼓励的话，然后等待孩子自己站起来；对睡觉，西方的孩子习惯从婴儿开始就自己睡，即使号啕大哭，引来了父母，得到的也只是一些安哄和宽慰，父母依然离去。等孩子长到5、6岁，他们非常感兴趣做一种游戏式的睡觉，那就是几个小朋友自愿商定集中到一位小朋友家去睡觉，这些小朋友分别带好自己的睡袋、洗漱用品集中到一位小朋友家，晚上可以尽情地玩，然后在同一间屋子的地毯上就寝。父母们要提供的只是他们玩和睡的空间，其他如睡前的洗漱和就寝就由小孩子们自主去完成，今天住你家，过几天去他家，孩子感到其乐无穷。

在西方，父母常常让孩子直接面对困难，让孩子经受锻炼。有一对美国夫妇有一个两岁半的儿子和一个5岁的女儿，两岁半儿子上厕所都由他自己处理，尽管大人事后要检查，但十分注意让孩子自己去做该做的一切。每到开饭时间，5岁的女儿就像主人一样，主动摆好一家人的餐具，然后端端正正坐到自己的位置上，等待开饭。美国的习惯，不会自己吃饭的孩子，自立能力差的孩子，要被小朋友看不起。如果有人称他"妈妈的小宝贝"，孩子会感到羞耻。

相对于西方，中国的父母则采取包办的教育方式。在很多幼儿园，我们常常看到，有些孩子父母自己拿抹布帮助孩子抹桌椅，甚至把玩具送到孩子手中。由于父母包办代替和溺爱，孩子对父母产生依恋，有的孩子哭着不让父母走。随着独生子女日益增多，孩子对父母的依赖性也日趋严重。这种依赖性，很大程度上是父母溺爱孩子，舍不得让孩子去动手做事，处处包办代替的结果。这种情况十分令人担忧。培养孩子生活自理能力，既可促进劳动习惯的培养，也可促进文明习惯的培养。孩子是在活动和操作中积累经验，得到发展的。父母的过分宠爱、过度保护、过多干预，事事包办代替，不让孩子自己动手做自己能做的事，剥夺了孩子劳动的机会，致使孩子独立性差，依赖性强，生活自理能力低下，还会养成孩子怠惰的习惯。

早在1927年，著名教育家陈鹤琴先生就提出："凡孩子自己能够做的，应该让他自己做；凡孩子自己能够想的，应该让他自己想。"这是符合教育规律的至理名言。

在人生道路上，培养这种心理品质的过程开始得越早越好。特别是当孩子产生自卑、畏缩、懦弱等情绪的时候，父母应该寻找机会以各种形式向孩子表示鼓励："你能行！"

有的人在孩子很小的时候，就给他们灌输一种思想："不给别人添麻烦"，并在日常生活中注意培养孩子的自理能力和自强精神。全家人外出旅行，不论多么小的孩子，都要无一例外地背一个小背包。要问为什么？父母说："这是他们自己的东西，应该自己来背。"上学以后，许多学生都要在课余时间，在外边参加劳动挣钱。大学生勤工俭学非常普遍，就连有钱人家的子弟也不例外。他们靠在饭店端盘子、洗碗，在商店售货，照顾老人，做家庭教师等挣自己的学费。

每一个真正有爱心的父母，请放手让孩子去做，注重从小培养孩子的独立自主意识。唯有这样，才能使他们充满自信地立足于现代社会，成为一个有用的人。

李光耀家训：靠自己的劳动去换取想要得到的东西

李光耀，新加坡开国元首，生于新加坡。在其执政期间，他大刀阔斧，勤政务实，使新加坡的经济飞速发展。30年间，新加坡变成世界第二大港、亚洲金融中心和国际会议中心，人年平均所得高达8000美元以上，是仅次于日本的亚洲第二高收入国；并且变成最为现代、整洁、秩序井然、绿茵遍地的花园王国。在李光耀的领导下，新加坡面对周边错综复杂的严峻局势，顶着独立后的巨大压力，创造出人类历史上这个实实在在的奇迹，李光耀不愧为"小国的大政治家"。

李光耀1923年出生，祖籍中国广东省大埔县党溪乡。早在他的曾祖父时，由于生活所迫，背井离乡移居新加坡。

中华儒家文明源远流长，影响广大，除中国外，许多周边国家也深受儒家思想的影响，新加坡便是其中一个典型的例子。而新加坡内阁资政、前总理李光耀则是儒家文明的积极倡导者，他不仅是一位受人尊敬的新加坡国家的缔造者，也是一位令人尊敬的父亲。

华人的大多数父母都会训斥孩子，童年时代的李光耀也曾领教过做烹饪教师的母亲所给予的这种"待遇"。母亲的训斥使他懂得怎样不再犯同样的错误。李光耀为人父后，继承了母亲教育过他的这一"法宝"，孩子们做错事时，通常也是要受到他的斥责的，但他从来不体罚孩子。

在实际生活中，与孩子多进行沟通比斥责更加重要。所以，他总是寻找各种机会与孩子们在一起。一般情况下，他都和孩子一起共进晚餐。他每年至少带孩子们旅行一次，每次都有大约两个星期的时间。当他去打高尔夫球时，也喜欢带上他们一道去。

李光耀的公事很多，工作很忙，但他仍抽出时间与孩子们在一起。带孩子去走亲戚，也是李光耀常做的一件事。他尤其重视春节除夕的家族团聚。通过这种场合，他让孩子们有机会去认识家族的新成员，包括家族中新添的婴儿，反过来也给亲戚朋友认识自己孩子的机会。李光耀认为："有了经常联系，大家就会相互帮助。"

近一二十年，新加坡的物质生活日益丰富，但李光耀却极力主张让孩子们养成俭朴的生活习惯。他认为，不这样，孩子们就会失去创造和奋斗的动力，失去自强自立的精神。他把那些一味给孩子提供生活享受的父母，比做"圣诞老人"。因为圣诞老人总是慷慨地向孩子们赠送吃的、用的和各种各样好玩的东西。李光耀从孙子孙女得到的"礼遇"上看到了这种倾向。确实，孙子孙女们的生活比他小时候不知要好上多少倍。他们有更时髦的衣服、更漂亮的鞋子、更现代化的玩具，他们拥有他们几乎想要得到的任何东西。因此，李光耀在接受新加坡英文《新报》记者的采访时表示了他的忧虑："将来有一天，孩子们要进入社会，不管他们是否会受雇于人，那时候都不会再有'圣诞老人'。他们得靠自己的劳动去换取他们想要得到的东西。为了他们的长远利益，他们从现在起就必须懂得'一物换一物'的道理。"正因为这样，李光耀从来不轻易地送礼物给他的孙子孙女，他觉得这对他们没有什么好处，他们要想得到自己想要的东西，必须要付出劳动。

从孩子们懂事开始，李光耀便多次教育他们得靠自己的劳动去换取想要得到的东西，而这也成为他的教子家训。当长子李显龙从内阁部长升任为副总理时，人们一直认为显龙是父亲的接班人。但李光耀坚决反对，他说，总理这份工作不是私人财产，不能传给儿子。果然，当李光耀隐退时，吴作栋担任了总理职务。李显龙对父亲的安排也毫无怨言。

李光耀共有三个孩子。长子李显龙，曾任内阁贸易和工业部长，现为政府总理；次子李显扬，准将军衔，现为新加坡电信公司总裁助理兼国内服务执行副总裁；女儿李玮玲是一名儿科医生。

靠自己的劳动去换取自己想要得到的东西，换句话说，也就是要学会独立。孩子在刚刚出生的时候，其心理的各项功能都还没有发育成熟，他无法独立生存，需要依靠他人的照顾。随着孩子身心发育的健全，他学会了爬行、学会了走路、学会了说话。渐渐地，孩子学会了与他人交往、学会了自己出门……这些都表明，孩子越来越独立，他需要独立地面对生活，学会一些基本的生存技能，才能够独立地生存在这个社会中。

但是，在许多父母心里，孩子再大也是自己的孩子。他们已经习惯了"无微不至"地照顾孩子，把孩子当成弱者，有时候他们甚至忘记自己的身份，把自己当成孩子的奴仆，孩子就是自己的皇帝。他们给孩子喂饭，帮孩子穿衣，帮孩子洗脸，帮孩子收拾书包，帮孩子做作业……基本上能帮的都帮了。在这种情况下，越来越多的孩子完全依赖于父母，他们四体不勤，无法独立生活。

实际上，这对于孩子的成长是很不利的。对于孩子的终身发展来说，独立性是最重要的素质之一。当孩子跨入校门时，随之而来的是需要独立面对校园里的事物，如果他无法独立面对这些事情，就会影响孩子在学校里的人际交往，还有可能会使孩子养成自卑、孤僻的性格。正如美国权威儿童教育博士詹姆斯告诫父母的那样："依赖本身就滋生懒惰、精神松懈、懒于独立思考、易为他人左右等弱点。所以说，处处对孩子包办代替，这不是在帮助孩子，而是在坑害孩子。"

明智的父母应该让孩子从小就做一些力所能及的事情，注意从生活的各方面来培养孩子的独立性。

比如说父母可以给孩子一个独立的、可以自由活动的小房间或者小角落，在这个属于孩子的空间里，应该让孩子自己来布置、设计，包括选择书桌、书柜、玩具、图书、装饰品及各种学习用品等。允许孩子在自己的空间里做一些自己感兴趣的事,例如,养几条小金鱼、养几盆花等等。只要孩子能够独立地支配自己的小天地,他就觉得自己是自己的小主人。

在孩子很小的时候,父母就可以让孩子自己照顾自己,让孩子懂得自己的事情自己做的道理。比如,自己吃饭、穿衣,尽管孩子刚开始的时候吃饭会撒得满桌都是,穿衣不是穿反就是扣子扣不齐,但是,孩子也能在自己照顾自己的过程中,体验到成功的乐趣。父母不用可怜年幼的孩子,也不要对孩子过分求全责备。父母要放手让孩子做力所能及的事情。凡是孩子自己能做的就让他自己做,不要代替他。孩子只要愿意做,我们就鼓励他。

当孩子玩耍的时候,父母不要一直在旁边监督保护,可以适当放手,让孩子独立去玩耍。西方国家的父母在孩子玩耍时从来不紧盯着,如果孩子摔倒了,父母也不会匆匆忙忙跑过来扶孩子,他们会在旁边说:"爬起来,接着玩!"所以他们的孩子很少因为摔倒而哭。而中国的父母一见到孩子摔倒了,就会马上抱起来说:"哎呀,宝宝摔坏了吧,妈妈打地,怎么把宝宝给摔倒了呢!"许多父母还会生气地用脚踩地,孩子则在旁边哇哇大哭起来。就这样,孩子的独立性在妈妈的保护中失去了。

孩子渐渐大起来了,父母可以让孩子帮助做一些家务活,让孩子有一种责任感和使命感。事实上,孩子的潜力是非常大的。比如,在做饭前,可以让孩子帮忙捡菜,在吃饭时,可以叫孩子摆碗筷;在晒衣服的时候,可以让孩子拿衣架,在做饭时,可以叫孩子下楼买点小东西;在睡觉前,可以叫孩子收拾玩具,把自己的东西整理好,等等。孩子其实是很喜欢做这些事情的,尤其是做好了能够得到父母的表扬。

做家务也是孩子拓展知识面的好机会,因为做家务确实能培养孩子的独立能力,但有时候,孩子也会好心做成坏事。这个时候父母千万不能拿成人的标准来要求孩子,说:"我说你不行吧,下次叫妈妈来做!"这样，不但会使孩子产生依赖心理，还会打击孩子尝试独立的积极性。明智的父母应该理解孩子的能力有限，并鼓励孩子继续努力。

在日常生活中，我们要尊重孩子的各种需要，鼓励孩子自由表达自己的思想和观点，允许孩子自己做出选择和决定。对于孩子遇到的困难，父母不要立刻就帮忙，要让孩子学会自己独立去解决。比如，当孩子遇到一个问题不懂时，父母最好不要直接告诉孩子，可以与孩子一起查资料，让孩子自己从书中去找答案。久而久之，孩子就学会了自己去解决问题。

培养孩子的独立性，最关键的是父母不要包办孩子的事情。意大利教育家蒙苔梭莉指出，孩子有很大的潜力，就像植物一样能够自长，教育者只需要给他们提供环境和条件。她提出教育要引导孩子走独立的道路，一旦孩子能沿着独立的道路前进，那么，深藏在孩子内部的各种潜能就能充分发挥出来。

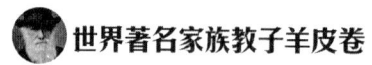 世界著名家族教子羊皮卷

坎普拉德家训：我相信你

英格瓦·坎普拉德是宜家家居的创始人。瑞典《商业周刊》2005年4月曾经报道说，由于美元贬值，坎普拉德的个人财富已经超过比尔·盖茨，跃居全球首位。这条消息引起一时轰动。尽管宜家公司后来出面称，宜家所有资产并非坎普拉德一人所有，因此全球首富之说并不属实，但他富甲一方，是无可争辩的。在2004年《福布斯》全球富豪排行榜上，坎普拉德的个人净资产为185亿美元，列第13位。

1986年，坎普拉德辞去宜家公司总裁职务，担任公司高级顾问。自此他在宜家公司露面的机会大为减少。他将公司大权移交给了自己的三个儿子，同时将公司资产拆成三份，对儿子们改变公司的行为做出限制，以确保任何子女都无法动摇公司的根基。而每遇公司有重大决策，他的孩子们仍要请他拿主意。直到2002年，坎普拉德才正式宣布离开宜家，到瑞士过起半隐居的养老生活。

1931年，5岁的坎普拉德看到庄园周围人家的火柴用量很大，而且非常短缺，便灵机一动，求他的婶婶代他从集市上花88欧元买回了100盒。

坎普拉德怀抱着火柴，先蹦蹦跳跳地找到他的奶奶，向她推销自己的商品。奶奶摸着孙子的头说："你是个聪明的孩子，我相信你，你一定能赚很多钱的。"称赞完坎普拉德头脑机灵后，奶奶还特意买下几盒火柴。初次尝到谋取商品利润滋味的坎普拉德又满怀信心地将火柴推销给左邻右舍。不到一天时间，他就把火柴全部卖了出去，从中赚了100欧元。

看着到手的100欧元，坎普拉德异常兴奋，这种兴奋促使着他乐此不疲，先后推销过圣诞卡和墙帷，还骑着自行车满镇子穿梭，兜售新抓到的鱼。

出生于商人家庭的坎普拉德骨子里显然有经商的"基因"。他说，从年幼时开始，他就有着强烈的挣钱愿望，打定主意今后要做个商人。

而他的这个愿望之所以能够实现，还与家人对待他的行为方式分不开。

自从那次买过火柴之后，奶奶便成为他忠实的顾客。不论需要与否，她都会从孙子的手中买下各类小商品，尽管数量不多，但总是给了小坎普拉德继续经销的勇气。

像成年人一样被信任也是坎普拉德能不断进步与成功的原因之一。

在10岁那年，坎普拉德向父亲借了90克朗。这在当时可是一笔不小的数目，但父亲还是坦然将钱交给儿子，并说："孩子，你去干吧，我相信你。"他相信坎普拉德的经营能力，结果，他没有辜负父亲的厚望。

1943年春天，坎普拉德决定在去哥德堡商学院上学前创办自己的公司，而由于只有17岁，申办公司必须首先得到监护人的许可。于是，他求助于叔叔。

叔叔没有认为他的举止可笑，没有嘲笑他痴心妄想，而是停下手中的活计，将坎普拉德引进家中的厨房，先给他倒上一杯咖啡，然后坐在桌子旁说："孩子，你仔细讲一讲，你究竟想办个什么样的公司。"当坎普拉德将心中的计划全部讲一遍后，叔叔沉思了一会，同意了他的请求。

这个公司就是后来大名鼎鼎的宜家。

坎普拉德的父亲培养孩子的信条就是：给孩子最大的自由，让孩子发展自己的兴趣。他所做的就是尊重孩子个性的发展及陪孩子做他们喜欢做的事。这充分表现了作为父母，不能遏制孩子的天性和兴趣，并且还要帮助孩子培养自己的兴趣。

兴趣是孩子最好的老师,在孩子的成长过程中,兴趣具有十分重要的作用。父母作为孩子的第一任老师,在家教实践中,挖掘并培养孩子的兴趣是很重要的任务。

我们千万不能小看孩子的兴趣与爱好的作用。它们像火种,能燃起孩子对未来希望的火焰,并激励着他们不断地探索与实践。对许多成才经验的调查表明,青年在事业上的成功大多是在幼年时的兴趣基点上发展起来的。父母不能眼睛只盯着孩子的学习成绩,从而忽视了孩子的兴趣与要求。

一个孩子的兴趣爱好直接影响到他日后的发展方向,但很少有小孩天生就对什么产生兴趣,或天生就喜欢什么,因此,这就需要父母有意识地加以引导和培养。这种培养在大人是有意识的,但如果直接要求孩子去对什么产生兴趣,就有可能变成强迫了。怎样才能培养孩子的兴趣,并让孩子真正自己产生兴趣呢?

(1)要在孩子广泛发展兴趣的基础上,依据孩子的特长及爱好,发展他们的中心兴趣。父母可以仔细观察孩子的各种"劳动成果",就不难发现孩子的中心兴趣和爱好。保护这种兴趣爱好,对孩子的劳动成果给予充分肯定,让孩子体验到创造成功的快乐,然后加以培养和引导,一定能收到良好的效果。

(2)要为孩子的兴趣发展创造良好的条件。例如,有的孩子爱好小制作,父母就该为他寻找或购买一些必备的工具和材料;有的孩子爱好音乐,有条件的父母就可以给他买些乐器。对孩子参加学校或校外组织的各种活动,如夏令营活动、参观活动等,父母也要大力支持,让他们更深刻地体验自身的兴趣与爱好,逐步使他们独具的特殊才能得到体现和发展。

家庭是孩子的第一生活场所,父母如何教育孩子,深刻地影响着孩子的前途和命运。对孩子来说,最重要的不是天赋而是教育。"认可导致成功,抱怨导致失败"。可是,在应试教育的重压下,很多父母对孩子充满了抱怨、焦虑，孩子也因此少了那份对学习的洒脱与自信。人性最强烈的渴求是自尊的需要，孩子是渴望被认可的。"每个孩子都是天才，每对父母都是天才的教育家"。在家庭生活中，父母如果能以认可的心态来教育孩子，一定会收到意想不到的效果。

孩子在成长的过程中，难免会出现缺点和错误。当孩子意识到了自己存在的问题，并下决心改正时，父母一定要表示赞赏，并给予鼓励。千万不要用怀疑的态度来对待孩子的承诺，更不要挖苦讽刺孩子；同时绝不能对孩子改正错误的行为失去信心。因为，孩子一旦对自己的问题有所认识时，最需要的就是父母的理解、帮助、赞赏和支持。如果得不到赞赏和支持，孩子会感到十分痛苦，很可能会就此放弃改正错误的行动。

当孩子有了改正错误的愿望时，父母除了赞赏和鼓励以外，更需要多一分耐心和宽容。因为孩子的年龄尚小，而他的约束力和意志力更是比较脆弱，同时思维也不稳定。父母不要因为孩子改正错误的效果不明显，或者又重新犯了错误，就丧失掉对孩子的信心，就放弃对孩子的信任。这样不但对孩子改正错误毫无意义，而且还极容易伤害孩子的自尊心。

以实际行动去陪伴孩子、关心孩子，让他们体会到父母认同他们的兴趣，并经常帮助他们，孩子自然会更加自动自发，努力向上。

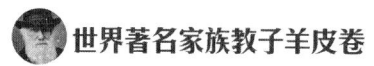 世界著名家族教子羊皮卷

威尔逊家训：坚持，梦想就会变成现实

伍德罗·威尔逊是美国第28任总统。他出生于弗吉尼亚州，父亲是大学教授。由于有了这样良好的家庭教育背景，威尔逊走上了"学而优则仕"的捷径。他毕业于普林斯顿大学，毕业后任教多年。1910年当选为新泽西州州长。1912年竞选总统成功。1916年获得连任。1918年1月提出"公正与和平"的14点方案，积极提出筹建国际联盟。卸任后获得诺贝尔和平奖。

无论在任内还是离任，威尔逊都赢得了广泛的赞誉，自称来自平民，为"平民"的代表。威尔逊素有绰号"政界校长"之称，也被认为是美国历史上最"伟大"的总统之一。威尔逊曾经获得十几所大学学位，并有很多著作问世，被认为是美国学术地位最高的总统。

威尔逊最幸运的是有这样一对父母：他们受到过最好的教育，却以平民自居；他们爱自己的孩子，更懂得如何让孩子成材。尽管威尔逊是靠学问奠定事业的基石，但他人生的成功，却是由父母通过不间断的激励而促成的。

在戴维森学院修完学业后，威尔逊于1875年进入了美国著名的普林斯顿大学深造。他不是那种十分聪明的学生，因此他的成就也就不名列前茅。可以说，他在大学期间的成绩很一般，因为尽管是自己的选择，但他仍然觉得那些课程索然无味。他此时已经开始以极大的精力和兴趣投入到对政治的追求之中。他积极地参加学校举办的各种辩论赛，并在每次辩论

赛中引人注目。他有一个爱好，就是在日常生活中，无论和同学、朋友谈话，还是和老师交往，他都极力表现出格雷斯顿式的政治家风格。他也坚信自己具有做政治家的条件和天赋，并在大学期间下定决心要在将来做一个出色的政治家。

普林斯顿大学毕业后，威尔逊就又到弗吉尼亚大学法学院学习法律，并想以此作为自己从政的基础。后来由于生病不得不选择退学，不久就同人合伙在亚特兰大开设了律师事务所，并时刻想以此作为自己从政的开端。

1883年，威尔逊又进入自己的第三所大学即约翰·霍普金斯大学攻读政治学和历史学。加上自己对政治的极大兴趣，于是他撰写了以"国会政治：美国的研究"为题的博士论文，并最终取得哲学博士学位。

威尔逊本来以为能够通过读书以通向政治之路，但是无休止的学习并不是自己的真正目的。他觉得学术研究妨碍了他的事业。他更热爱政治，愿意献身政治。与此同时，他的学术论文尤其是博士论文却又极大地引起了学术界和政界的注意。初尝甜头，他觉得要从政还是要以教育界为突破口。

在1885年威尔逊开始从教，并很快就成为副教授。但是，他的从政历程却并不像他的学术研究那样一帆风顺。他多次谋求政治职务都碰壁而归。不过，从父亲身上继承的敢于坚持到底的性格给了他最大的帮助。他没有放弃，即使是面对一次次的失败。

1890年，威尔逊被聘为母校普林斯顿大学的教授，并以演讲而受到学校的高度赞扬。他的口才和文笔及政治观点受到权威人物的注意，并开始受到重量级人物的提携，顺利成为普林斯顿大学的校长。在此期间，他的领导才能得到充分展现，把学校办得有声有色，为后来的从政打下了基础。

几经周折，威尔逊终于竞选当了新泽西州的州长。他因大胆改革而为人称道。从此他走上了政治的顺风路。1912年，他力克共和党的两位总统——西奥多·罗斯福和塔夫脱，成功当选美国总统。至此他多年的梦想终于变成了现实。

威尔逊矢志不渝的精神离不开从小父母严格的教育，离不开在严格教育之下所形成的奋斗不息的性格，正如他父母所预言的那样，他们的儿子不可能不是第一。

威尔逊的经历告诉我们："一个人不管失败多少次，假如不失去'再试一次'的勇气，一定会成功。"换言之，没有再试一次的决心，不会成功。而威尔逊的这句话，也逐渐演变成其家族的教子家训。

玛格丽特·伍德罗·威尔逊是伍德罗·威尔逊与第一个妻子所生的三个女儿中的老大，是钢琴家、歌唱演员、广告作家。杰西·伍德罗·威尔逊·塞耶是威尔逊的次女，她是民主党派的政治家。

就拿人生来说吧，小时平平，资质很好却没有学成，连个大学都没有考上，就是"苗而不秀"，根苗虽好却没有开花。大学考上了，毕业了，工作却一无成就，是"秀而不实"。其实，人生就是这样，半途而废者大有人在。

开学第一天，一位先生对学生们说："今天咱们只学一件最简单也是最容易的事儿。每人把胳膊尽量往前甩，然后再尽量往后甩。"说着，先生示范了一遍。"从今天开始，每天做三百下。大家能做到吗？"

学生们都笑了。这么简单的事，有什么做不到的？过了一个月，先生问学生们："每天甩手三百下，哪些同学坚持了？"有百分之九十的同学骄傲地举起了手。又过了一个月，先生又问，这次，坚持下来的学生只剩下八成。

一年过后，先生再一次问大家："请告诉我，最简单的甩手运动，还有哪几位同学坚持了？"这时，整个教室里，只有一人举起了手。这个学生就是后来成为古希腊另一位大哲学家的柏拉图。

最容易做的事也是最难做的事，最难做的事也是最容易做的事，是因为：说容易，只要持之以恒就能成功；说难，难就难在许多人不能做到持之以恒。请问自己，以往要办的事没有成功，是否是因为自己没有恒心造成的？

很多时候，成功与失败往往只有一步之遥，很多人往往输于最后一步，以致功败垂成。成功贵在坚持，要想成就一番事业，就一定要有恒心，多坚持一秒，就会多迈一步，而这一步就有可能奠定了你成功的基础。我们可以接受有限的失望，但一定不能放弃无限的希望。

许多人常半途而废，只要再多花一点力量，再坚持一点点时间，就会胜利。但人们之所以如此，主要是因为缺乏毅力。我们从这个故事中，可以得到一点启发，在人生的道路上，无论遇到多少困难或遭遇什么挫折，都不要轻言放弃。

人的一生总会遇到失败，也许错选了不喜欢的工作；也许无视自己的优点而烦恼；也许因观念错误而招致损失，诸如此类，难以避免。

失败后该如何？不要迟疑，立刻订立计划，向新目标挑战，唯有一遍遍地向失败挑战，才能成为成功者。

成功包括以下两点：第一，不管中途发生什么事，绝不消极。第二，最重要的是不怕失败，尤其不能失去再试一次的勇气，失败也能成为最好的教育，假如不再犯相同的错误，失败可以成为成功的踏脚石。做到这一步，每遇到一次失败，就等于爬上成功的一个阶梯。

要想得到大成功就得立大志。不辞辛劳，不怕逆境，不断忍耐，努力不懈，就能得到成功的机会。就是遭遇多次的失败，也不必灰心，冲破失败，才能使人生充满光辉。

人们常说："世上无难事，只怕有心人。"的确如此。不能因为缺乏骐骥一跃的激情，就想放弃走出那片沼泽；不能因为感觉不到太阳的一丝温暖，就想放弃寻找一片晴空；不能因为唱不出优美的旋律，就想放弃高歌一曲。坚持着，不要轻言放弃，你的梦想就与现实更近一步。也许你的轻易放弃，就会与机遇擦肩而过。滴水穿石，全在于它一点一滴、不偏不斜地打在同一位置，这就是坚持的结果。要相信，风雨过后，眼前会有美丽的水天一色；荆棘过后，前面就是铺满鲜花的康庄大道；在这个世界上，一星陨落，黯淡不了星空的灿烂；一花凋谢，荒芜不了整个春天。因此，人生要尽力度过每一关，不管遇到什么困难，都不要半途而废，轻言放弃。

福布斯家训：我希望你知道什么是准则

《福布斯》，一本国际知名的美国财经杂志，1917年创立至今传到第三代。福布斯家族现时资产保守估计达13亿美元（约100亿港元）。福布斯家族崛起，功劳要归史蒂夫福布斯的爷爷查理斯·福布斯。查理斯·福布斯1880年在苏格兰出生，后来在一间报馆担任记者及编辑，1904年移居美国纽约，继续从事传媒行业。

1917年，查理斯当时是一名财经记者，JP摩根利用他控制新闻消息发放，维护自己的利益。有个"大靠山"，查理斯就飞黄腾达了。查理斯1954年逝世，生意交给两个儿子继承打理，一个是马尔克姆·福布斯，就是现时《福布斯》掌舵人史蒂夫·福布斯的父亲。

马尔克姆将家族业务发扬光大，办其他杂志也搞地产，甚至涉足政治，参加过新泽西州长选举，可惜铩羽而归。他1990年逝世后，家族生意由长子史蒂夫打理。

马尔克姆·福布斯不仅是一位世界闻名的出版家、企业家，而且是一位令人尊敬的父亲。他教育子女有一条重要的经验，那就是特别重视父子之间的沟通。在他的影响下，史蒂夫·福布斯及其弟妹都在自己的事业上取得了成功。

史蒂夫·福布斯的父亲马尔克姆对于家庭教育的观念很独特。当史蒂夫·福布斯还小的时候，马尔克姆在一家公司做纪检员。他教育孩子们什么是对的，什么是错的，同时给孩子们很大的独立性，让他们充分发展自己的个性。

马尔克姆很喜欢和孩子们相处。他对自己的时间很慷慨，尽管他有很多事务，他总会给家庭留一部分时间。当孩子们表现好，他绝对为之高兴，从而给孩子们以轻松的感觉。在史蒂夫·福布斯小时候，到了夏天，马尔克姆就带全家去西部的怀俄明州，驾驶着旅行车带着五个孩子和两只狗。在几天的旅途中，马尔克姆不断调动大家的情绪让孩子们高兴。有时他会玩一些游戏，例如，试着鼓励孩子们步行到旅馆。

随着孩子们的长大，马尔克姆清楚地知道应该怎样与孩子们交流。在20世纪60年代早期，美国卫生部发布了一个报告说吸烟会致命。那时马尔克姆一天几乎要吸四包烟。报告一出来时，他就戒了烟，再没有吸过。那时15岁的史蒂夫·福布斯和一些同龄人一样，正学着吸烟，而且认为吸烟就是长大的一部分，马尔克姆不希望儿子学吸烟，他说：“我不是告诉你别吸，我请你别吸。”不像其他父母，他既没有训斥孩子也没有为戒烟承诺奖励。他只是说：“为了自己的健康不应该吸烟。”他请求的态度就像史蒂夫·福布斯所说的那样——让我感到自己像一个男人。史蒂夫·福布斯从此不再吸烟。

马尔克姆经常带孩子去教堂学习一些生活的准则，每逢礼拜天都去。史蒂夫·福布斯对这种安排提出过疑问：“为什么礼拜天必须去教堂？”他告诉父亲那应该由自己而不是父亲决定。马尔克姆并没有采取强硬的态度，而是很和蔼地告诉儿子：“我现在带你去教堂，这样你长大后就知道对于有些东西，是需要持反对意见的，我不想你将来连对错都区分不开。我希望你知道什么是准则，而这些你可以在教堂学到。”从此，小史蒂夫·福布斯总是很听话地跟父亲去教堂学习。

马尔克姆希望孩子们从小就知道应该怎样去生存。他曾对史蒂夫·福布斯说：“如果你们认为自己已经成功了，那么你们就要做好失败的准备，没有什么是一帆风顺的。”所以，史蒂夫·福布斯很早就随父亲开始涉足商务活动，马尔克姆也从不把生意与家庭生活隔绝开来，他希望孩子们知道成功来自苦干，更希望孩子们从小就意识到这一点，并去实践它。在父亲的教导下，史蒂夫·福布斯终于成为父亲的接班人。

史蒂夫·福布斯是《福布斯》的第三代传人。1966年毕业于马萨诸塞州的北安多弗布鲁克斯学院。1970年，他在普林斯顿大学获历史学学位，期间曾任《今日商业》的首任总编辑。2000年在父亲去世之后接管了《福布斯》杂志；现任福布斯集团总裁及首席执行官，同时也是《福布斯》杂志的总编辑。

马尔克姆·福布斯教子经验告诉我们：父母只有在与孩子的交流沟通中，才能帮助孩子明确生活目标、坚定生活信念，促进孩子不断地健康成长。

沟通，是指通过谈话或其他方式进行相互了解。人与人之间当然也包括父母与孩子之间，都需要沟通，需要了解和谅解，才能更融洽地生活。沟通是做父母的都应学会的一门艺术。

今天我们一些父母在教育孩子的问题上，因为工作的忙碌紧张或其他一些原因，较普遍地缺乏与孩子沟通的时间和耐心，更缺乏良好技巧和正确方法。在现实生活中，常听到一些做父母的感叹："孩子长大了，就不听我们的话了。"其实，这主要是父母与孩子缺少沟通所致。

父母常常抱怨现在的孩子揣摸不透，觉得他们意志薄弱、缺乏上进心；孩子又往往觉得父母管得既严又死，亲子在隔膜中相互埋怨。改变家庭权利的定位，是推进父母与孩子交流沟通的基础。在日常生活中，许多父母与孩子只谈学习，只关心孩子的学习成绩，以命令口吻说话或把自己的意见强加于孩子，以唯我独尊的父母自居，较少考虑孩子的内心需求，这势必使家庭教育的效果大打折扣。

在当今核心家庭居多的情况下，父母对孩子而言，是最重要的家庭教育者，同时父母与孩子都是彼此最紧密的寄托感情的对象，因而亲子之间若不能沟通，势必为家庭的天伦之乐蒙上阴影，对教育孩子极为不利，并且责任应主要在父母，因为孩子在父母的影响下成长。

若父母能经常亲热地与孩子交谈，坦诚相见。孩子有事情、有心里话才会愿意对你说，你才能及时帮助孩子解决生活和学习中的困惑，从而引导孩子建立正确的是非观、价值观、责任感，同时还会刺激孩子的听觉、视觉、感觉的发展，对智力开发十分有益。

由于两代人成长的环境和看问题角度、方法不同，父母的要求孩子不理解、不接受在所难免，父母只有与孩子做朋友，沟通亲子情，才能找到教育、影响孩子的切入点。

马尔克姆的教育理念告诉我们：作为父母应当尊重孩子，与他们交流而不是训导。而不能以教训的口气、哄人的口气、引诱的口气来赢得他们的合作。如果父母以平等的、像与朋友谈话的口气来与孩子交谈，而不是对他们训话，多数情况下，父母都能顺利地与自己的孩子交流思想。

其实，这是一个老生常谈的问题，每个人都想得到，说得出，遗憾的是，没有多少人能真正做得到。如果我们向父母问这样一个问题："您对自己的孩子满意吗？"得到的答案一定会令人吃惊，大多数父母会对自己的孩子不满意。很显然，我们并不接纳自己的孩子。

接纳，至少包含两方面的内容：优点与不足。我们既要看到孩子的优点，又要客观地承认孩子身上的不足。接纳，是对孩子的一种认可，也是尊重孩子的具体表现。可是，我们常常会忽略孩子的存在，尤其是孩子的感受、情绪及看法等。"他知道什么？""他懂什么？""他能说出什么东西来？"这些都是大人的口头禅。其实，要想敏感地觉察与接纳孩子的感受、情绪与看法，并不是什么困难的事情，只要我们在与孩子交往时，把孩子当成我们的同事、同学和朋友，我们就能够觉察孩子的存在，并接纳孩子的各种感受、情绪与看法了。

孩子之所以和父母产生沟通上的障碍，一个很重要的原因，就是父母与孩子之间没有建立起一种平等的关系。父母，特别是父亲在与孩子说话时，经常控制不住自己的情绪，孩子一句话说得不中听，就发脾气，指责他们，孩子敢怒不敢言。久而久之，孩子就不愿意和你说话了。所以，父母应学会尊重孩子，要理解他们，即使觉得他们说的话幼稚可笑，也要多鼓励少责备，并且要尽量满足他们的心理需求。父母要知道，孩子也是会"爱面子"的，如果他的自尊心受到了伤害，可能比大人还要难受几倍，因为他们还不会安慰自己。用相对宽松的心情与孩子对话，让孩子在交谈中充分地表达自己的思想。父母自觉地融入到孩子的谈话中去，孩子就会把你当成一个可信赖的伙伴，就会和你无话不说。这样既树立了父母的形象，也提高了孩子的语言沟通能力。

如果把父母与孩子之间比做朋友的话，就应该成为能相互理解、相互信任、相互帮助、相互平等的知心朋友。特别是对于长大了的孩子，他们有着自己的思想与看法，只有平等地相处，才能消除障碍，才能使孩子向父母袒露心灵，父母也才能对孩子进行适当的指导。有的人埋怨自己的孩子说假话，品质不好，他们恰恰忘了这些毛病正是自己行为粗暴、常常训斥孩子所带来的"副产品"。当一个孩子能与父母建立平等的亲密关系后，他的行为言谈自然会渐渐变得高雅，他的性格也会开朗、乐观、豁达，在今后面临人生种种挑战时，也会表现得更加勇敢、自信。

与孩子建立平等的关系，就必须认识到孩子的思维方式和大人是有差别的，父母和孩子之间看问题想事情不在同一个水平线上，交谈要尽量找共同语言，选择孩子容易接受的内容和喜欢的形式，不按大人的标准要求他们，不能只是父母说孩子听，允许他们按照自己的想法说话，说错了也不要打断他们，让他们把话说完再纠正也不迟。通过这种平等气氛的对话，比他们好奇、好问、好表现的"天性"充分释放，加强孩子与父母之间的情感交流，营造和谐的家庭民主气氛，使孩子在参与交流的过程中体验快乐。

世界著名家族教子羊皮卷

肯尼迪家训：我们家庭里要的是胜利者

约翰·肯尼迪和他的兄弟姐妹生于美国最富有的家庭之一，过着一般人无法企及的富裕生活，但他们的祖先却曾经历逃荒、饥寒和穷困的日子。肯尼迪家族是从爱尔兰来美国的移民后裔。1848年一个名叫帕特里克·肯尼迪的穷苦爱尔兰人乘船漂洋过海来到美国的波士顿，这年他才26岁。他很快在一个制桶厂找到了工作，挣了一些钱后就安顿下来娶妻生子。十年后因染上霍乱去世，照料家庭的责任由他的遗孀承担。过了一些年这个家庭中唯一的男孩子帕特里克·约瑟夫长大成人，为了急于挣钱养家，他退学去码头当了搬运工，干活积了点钱后开了一家啤酒馆当起小老板，做起了发家致富的美国梦。帕特里克·约瑟夫很会做生意，酒馆生意日渐兴隆。之后便开始涉足政治，竞选州议会议员成功后他又娶了富有的酒店老板的女儿玛丽为妻，生下了儿子约瑟夫·肯尼迪。帕特里克·约瑟夫很有远见，为了让孩子接受最好的教育，他把儿子送进了哈佛大学。

从哈佛大学毕业，约瑟夫·肯尼迪就下决心尽快挣钱，争取在30岁前成为百万富翁。到哪儿去挣钱？约瑟夫有自己的看法："如果你想挣钱，你就必须弄清钱在哪里。"他选择了银行业作为生财的方向。在父亲的支持下他成为一家银行的董事长，并自称为是全美国最年轻的银行董事长。后来的一段历史是肯尼迪家族的发家史，约瑟夫从事各种投机买卖赚了不少钱。为了儿女们以后更容易进入社交界，他还把家迁到了纽约。

肯尼迪家族有一个长久怀有的梦想：总统之梦，这个家族中一定要有

人成为美国的总统。而约翰·肯尼迪最终不负家族之众望，在1960年登上了美国总统的宝座。

约翰·菲茨杰拉德·肯尼迪的父亲约瑟夫是金融界巨子，从一开始就将把他培养为美国总统作为目标。肯尼迪自幼受到良好的教育，1940年毕业于哈佛大学和斯坦福大学。第二次世界大战中，肯尼迪加入美国海军，在对日作战中负伤。战后，当选为议员。1960年11月，肯尼迪在大选中以微弱的优势战胜对手，成为美国有史以来最年轻的总统。他极富个人魅力，年轻英俊，言谈举止风趣有活力，即使在局势动乱的年代也给美国民众带来了极大的希望和勇气。人们称他是美国历史上最有魅力的总统。

在很多探讨总统童年品质的书籍当中，都把志向、决心、纪律、教育及机会当做成为白宫主人的重要品质。从肯尼迪的成长经历来看，这一论断也得到了完美的印证。从肯尼迪家族在美国漫长的从政历史来看，肯尼迪家族的成员成为美国政坛的风云人物似乎是历史的必然。家族精神的榜样、父亲的竞争夺冠训导及母亲虔诚的宗教熏陶是造就约翰·肯尼迪走向白宫、造就下一代肯尼迪们最为关键的因素，而"我们家庭里要的是胜利者"也成为肯尼迪家族教育后代的家训。

父亲约瑟夫·肯尼迪是家族精神的最好代表。在孩子们的眼里，他更是一位让人尊敬和佩服的严父，对子女的教育和成就倾注了巨大的热忱。

尽管老约瑟夫忙于他的业务，和孩子们相处的时间很少，但他给孩子们提出了严格的要求，要孩子们学会竞争，要善于竞争，习惯竞争。在这个家庭里成长的孩子，一定要在竞争中击败对手，不管对手是谁。他努力在家庭中塑造这样的精神：始终崇尚第一，第二就是失败。父亲约瑟夫身先士卒，做出表率，因此他告诫子女的口头禅是："我们这里不要任何失败者，我们家庭里要的是胜利者！"

为了培养孩子们的竞争意识，他强迫孩子们从事某些体育活动：帆船、游泳和激烈的美式橄榄球。而且，每天的活动和比赛都有计划，孩子们要守时,并力争胜利。在这种思想的指导下,肯尼迪家的孩子们几乎从清晨起就会在几兄弟间展开"身体冲撞"。经常是身体最强壮的老大小约瑟夫动不动就揍弟弟约翰和罗伯特,弟弟们也必须奋起还击。所以,家中必备的纱布、消毒药水和胶布,经常能派上用场。而兄弟间的这种冲撞都是父母所允许的。

在老约瑟夫的鼓励和资助下,肯尼迪家族的孩子都非常喜欢帆船运动。当杰克10岁大的时候,就协助哥哥小乔驾驶自家帆船"罗斯·伊丽莎白"号,参加横渡南塔基特海湾的帆船赛。当小乔和杰克就要赢得冠军的时候,为了营救一个不幸落水的参赛者,而返回海湾。《波士顿邮报》将它称为"勇敢的救援",小乔和杰克也因此获得英雄的称号。

鉴于孩子们对帆船运动的喜爱,约瑟夫·肯尼迪就出资为孩子们购买体积更大、速度更快的帆船。如杰克15岁生日的时候,就收到老约瑟夫送给他的一艘帆船,并被命名为"胜利"号。后来,老约瑟夫又购买了一艘星级帆船,称为"闪电2号",在杰克19岁的时候,他驾驶帆船就曾获得两次重大赛事的冠军:南塔基特海湾星级帆船赛冠军和纽约长岛帆船分站赛冠军。

在肯尼迪的教育下,他的儿子小肯尼迪也成了一名著名的律师。

现在,有竞争意识强的孩子不是多了,而是少了。而现代社会,特别需要的就是竞争意识。那么,具有竞争意识对孩子都有哪些好处呢?

(1)竞争能促进个人的发展。例如,两个入学成绩相同的班级,甲班同学竞争意识很强,每个人都你追我赶地学习,谁都想超过比自己强的前一名同学。考完试以后,认真研究自己和新的竞争对手的差距,鼓足力气,奋力赶超。这班学生每个人的平均成绩都明显提高,特别是后进同学平均提高了10多分。乙班则是另外一种景象。大家把学习争先视做好显示自己,枪打出头鸟,讽刺挖苦勤奋的同学,同学们喜欢想:反正还有不如我的同学呢。结果一年以后,全班平均分比甲班低了20分,原来排在全年级前50名的有12名同学，只剩下了3名。缺少竞争意识，使每位同学都受到了伤害。

（2）竞争促进了社会的进步。每个人都不甘人后，促进了集体的进步。一个个争先恐后充满活力的学校、工厂、商店、机关的竞争，促进了国家的进步。同时，现代社会把竞争机制逐渐推进到了每一个领域，越来越使人感到无法逃避。考清华、考北大觉得竞争激烈，那么考普通大学就不竞争了吗？

既然竞争有利于个人的发展，既然竞争促进了社会的进步；既然竞争已渗入社会的每一个领域，人们无法躲避，我们就只能鼓励孩子勇往直前，争先恐后，争夺第一，争创一流。

当然，在培养孩子竞争意识的同时，要告诉孩子把竞争与斗争区分开来。竞争是双方按照规则，主要用发展自我的方式，超越对方；斗争是双方各施阴谋诡计，主要用伤害对方的方式去战胜对方。竞争能使双方、社会都得到发展。

21世纪将是竞争更激烈的世纪。我们应当勇敢地参与竞争，勇敢地迎接新世纪的挑战！

鼓励孩子在尊重人、理解人、帮助人的前提下，奋力争先吧！

今天的社会是个充满竞争的社会。国家与国家、省市与省市的竞争，地区之间、行业之间的竞争，军事方面、经济方面、人才方面的竞争……无时不有，无处不在。就连我们教育孩子，孩子的成长也充满竞争。谁努力，谁成才；谁升起，谁是太阳。

爱因斯坦家训：我的孩子将来肯定有出息

阿尔伯特·爱因斯坦是德国著名物理学家，1933年移居美国，20世纪最伟大的自然科学家。他一生科研成果卓著，可以和牛顿媲美。在光量子论、分子运动论方面都成绩卓著。他创建的适用于微观高速运动领域的狭义相对论和广义相对论，在更高层次上解释了物质运动和时空关系，突破了牛顿经典物理学的框架，推动了现代物理学的革命。而相对论则被英国人物理学家汤姆生称为"人类思想史上最伟大的成就之一"，和普朗克提出的量子假说共同构成了20世纪物理学的两大支柱。

爱因斯坦不但是一位伟大的科学家，而且还是一位出色的小提琴家。有人说，爱因斯坦之所以能对人类科学作出巨大贡献，与他学习小提琴有着密切的关系。因为音乐无处不在的张力能使人的想象力和理解力发挥到极致。

爱因斯坦小时候，是一个让人看不起的学生。他常常会提出一些稀奇古怪问题，如什么是时间？什么是空间？指南针为什么总是指向南方？别人都以为他是个傻子。当爱因斯坦毕业的时候，他的父亲找到校长，很难为情地问道："我的孩子将来从事什么职业能有点出息呢？"校长竟然答道："您的孩子，将来无论从事任何职业都一样没有出息。"

有一天，母亲波琳带着爱因斯坦到郊外玩，别的亲友家的孩子一个个欢蹦乱跳，有的爬山，有的游泳，只有爱因斯坦一个人默默地坐在河边，凝视着水面。这时，亲友们悄悄地走到爱因斯坦母亲身旁，不安地问道:"小爱因斯坦为什么总是一个人对着水面发呆?是不是他的神经有毛病啊?你还是趁早带他到医生那里检查一下吧?"可是爱因斯坦的母亲却十分自信地说:"我的小爱因斯坦肯定没有任何毛病,你们不了解,他那不是发呆,而是在沉思,在想问题,他将来肯定有出息,一定会成为了不起的大学教授。"

在这里,我们发现了一个亘古不变的真理,那就是父母对孩子坚定的期望、信心和无私的帮助。如果没有这位伟大的母亲,没有这位母亲对孩子的坚定期望,爱因斯坦是不会有今天的伟大成就的。

爱因斯坦的儿子爱德华是一名出色的钢琴演奏家,而且刻苦地钻研医学和精神病学。

孩子在期望中成长,正确的期望应当符合孩子的特点,取得孩子的认同,对孩子恰当的、热情的、真诚的期望将会促使孩子走向成功。爱因斯坦的母亲之所以伟大,是因为她始终对爱因斯坦抱有热切的期望,即使是在别人认为没出息、没用的时候也如此。所以,不要放弃对孩子的期望,尤其是在他困难的时候。

用欣赏的眼光看待孩子,是父母送给孩子的最好礼物。父母如果希望自己的孩子成人、成才、成功,最好的办法就是:永远做孩子的欣赏者,培养孩子的自信,欣赏孩子的才华。因为在孩子的成长过程中,非常需要父母的肯定,爱因斯坦就是在母亲不断肯定下逐步成长,并最终成为一名伟大的科学家的。

研究表明,大人的期望对孩子的心理发展能起到积极的作用。20世纪20年代,美国心理学家罗森塔尔的研究发现,受父母期望的那些孩子果然在若干年后发展得比其他孩子要好得多。在罗森塔尔的研究中,成长的期望是对孩子的赞赏、鼓励、支持和对孩子成长的关注,而不是对孩子提出过高的要求。在这样一种积极的支持性的氛围中,孩子感受到的就是动力而非压力了。

孩子是祖国的未来，父母的希望。没有一个父母不对孩子的将来有所考虑和期望。期望孩子成绩出众，将来能上大学，在学术上有所建树的有之；期望孩子有经营头脑，将来可以挣大钱的有之；期望孩子体格健壮，将来可以破纪录、拿世界冠军的有之；期望孩子只要快乐、平安地度过一生的也有之……

在很多情况下，父母的殷切期望都化作了孩子积极向上、努力奋进的动力。但有的时候，过高的期望也会变成孩子沉重的压力，对孩子的成长不利。父母往往对自己的孩子都有比较高的期望，因为父母大都希望孩子将来做个成功的人，所以就会在不自觉中用过多或过高的期望作尺子，去衡量孩子是不是达到了自己的要求。因为期望过高，失望也就在所难免了。在失望的心情下，孩子一个正常的错误或是一个小小的失误，都被父母放大成一个很大的问题。

可以肯定地说，在孩子还小的时候，他对自己的评价基本上来自于父母的评价与期望。父母的评价与期望，就如同一杆标尺，时时让孩子对自己的行为与成就作出衡量。当孩子认为父母的期望是他跳一跳就能摘到的"果子"时，他就会自觉地朝着这一目标努力；反之，如果觉得自己难以达到标尺上那"诱人"的高度，他的自信也将被慢慢地摧垮，心理问题也会由此埋下隐患。

而一些父母从自己的好恶出发，形成对孩子的期望，替孩子设计未来，是他们乐此不疲的事情。更有甚者，在父母的心目中，对孩子期望的高低也会出现攀比心理，但现实是不以人的意志为转移的。不切合孩子的实际情况，往往会事与愿违。所以，对孩子的期望是有一定讲究的。作为父母，该如何把握对孩子的期望呢？

期望应符合孩子的能力水平与志向爱好。尊重孩子的意愿就是尊重其人格的表现。作为父母不要把自己的意见强加给孩子，应当允许孩子有自己的想法、意愿和选择，要注意因势利导。同时，可以有意地给孩子创造一些机会，让他们提高独立解决问题的能力，锻炼与培养孩子分析、解决问题的能力。

成功的父母，在对孩子有所期望的同时，先不妨评估一下孩子的智力特点、兴趣范围、个性特征。父母可以与孩子一起分析一下，孩子的优势在哪里，不足之处又有哪些；有些行业上的成功，不仅需要具备相应的智力水平，还需要有许多非智力因素的参与，孩子是否具备了，或者是否可以通过一定的培养达到；父母所期望的是不是孩子所感兴趣的或钟爱的；孩子的个性最适宜于从事哪些工作，等等。

父母一定要记住，要以孩子的特长为出发点，以他自身作为参照，而不要以周围人甚至自己作为期望的出发点与参照物。父母对孩子的期望要适度，要理性地结合孩子的实际情况，提出恰当的奋斗目标。期望过低会使孩子缺乏动力，期望过高也会因实现不了而使孩子的信心受挫。

第六章
成功

　　成功究竟是什么？成功是一种感觉，一种态度。"我能行"是成功者的态度。人改变了态度，由消极变为积极，由"我不行"变为"我能行"，就会获得成功的感觉，最终改变自己的命运。"成功"对所有的人来说都是自己与自己较量的胜利，是自己与命运抗争的成功。"我能行"的人是最懂得生命价值的人。

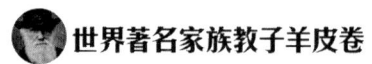

董建华家训：吃苦耐劳，方能成就大业

在有"东方明珠"之称的香港，董浩云和董建华父子就像两颗闪亮的星辰十分耀目。两代人，一对父子，以自己无悔的行动，奏响一首传奇的家族盛曲。

董浩云，浙江定海人。董浩云的父亲是上海一位五金商，家道小康。董浩云自幼对航海有浓厚兴趣，三保太监郑和七下西洋，远至波斯湾和非洲东海岸的故事，令他心驰神往。他说："地球表面四分之三是海洋，我们应该有雄心征服海洋。"

董浩云的"中国航运公司"，在20世纪80年代初，已成为世界顶级的航运集团，拥有各种干货船、货柜船、油船、客船及散装货船共110多艘，总载重量达1100万吨，比已故希腊船王多一倍，国际航运业中几乎没有人不知道董浩云的，董浩云是与包玉刚齐名的当之无愧的世界船王。

1982年，董浩云去世，其长子董建华先生执掌东方海外的母公司东方海外（国际）有限公司。1996年，董建华当选香港特别行政区行政长官后，其胞弟董建成接任东方海外国际主席至今。

董建华12岁随父到香港，中学毕业后到英国利物浦大学攻读机械工程，1960年获理学学士学位，后到美国通用电器公司和董氏家族的船舶公司纽约分公司工作，在美国生活了10年。1969年返回香港参加其父船业公司的管理，并开创了香港至欧美的航线。1997年7月1日董建华当选香港特别行政区首任行政长官。

从东方海外的掌舵人到香港特别行政区首任行政长官，董建华成功的人生之旅与其父亲对他的培养是不可分开的，国际舆论评论说："董建华是其父董浩云刻意雕琢的一颗明珠。"

董建华始终牢记父亲的家训：从普通工作做起，克勤克俭，吃苦耐劳，方能成就大业。

董浩云是香港屈指可数的大富豪之一，但他对自己的子女要求却十分严格，从不娇生惯养。董浩云共有二子三女，按中国的家族传统，董浩云培养两个儿子为管理家族事务的接班人，长子董建华则是重点培养的对象。

董建华的童年时代，是在战乱中度过的。1949年董浩云一家离开大陆，定居香港。这一年董建华入香港圣士提反中学读书。1956年中学毕业后以优异的成绩考入英国利物浦大学机械系。

在利物浦大学学习时，正值第二次中东战争爆发，苏伊士运河被埃及政府封锁，迫使世界上大多数往返欧亚的船只不得不绕道非洲的好望角，这样航线拉长了，运费增高了。这对从事远洋航运的董浩云来说是一个极好的机会，他的船队得到了迅猛的扩张，成为拥有亿万资产的准世界级船王，董建华也随之成为学校里一名世界级的富豪子弟。当时在欧美留学的富家子弟不少，他们生活奢华，攀比成风。尽管完全有条件让儿子董建华和别人一样享受贵族版的生活，但是董浩云要求董建华过简朴的生活，把心思用在学习上。董建华铭记父亲的教诲，以自律、自好、自强作为自己的人生准则，他的起居饮食没有一样因为自己是船王的儿子而与众不同。他与普通留学生一样，乘公交车或骑自行车往返于校园和住所之间，潜心于自己的学业。

董建华有两个儿子，他也总是教育他们要学会吃苦耐劳。在他的培养下，次子董立新现为东方海外全资附属及物业控股公司东方海外发展（中国）的董事总经理。

作为亿万富翁的董浩云意识到，让孩子拥有一种天生的金钱优越感对孩子的成长而言，有百害而无一利。他十分重视对孩子的"磨难教育"，唯恐孩子走上"贵族化"的歧途。他认为作为饱经风霜的长辈，应该当真为孩子的将来着想，再富也不能富孩子，特别是在孩子人格形成的雏形期，适当设置一些障碍，让他们受些挫折，少花些钱，多动动手，逐步增强自力更生的意识，是对孩子的真爱，是给予孩子终生受用不尽的精神财富。通过受苦孩子能感受生活的艰难不易，珍惜父母劳动成果，激发吃苦进取精神，对其未来善莫大焉。

事实上，时下一些逐步富裕起来的地区，尤其是在一些富裕家庭，孩子们的生活、学习条件已今非昔比，不是太差而是太好。"艰苦朴素"在许多孩子眼里可能已是老古董。

许多年轻父亲也认为，现在生活水平提高了，绝不能再让孩子像自己小时候那样"吃苦"，别的孩子有的，自己的孩子也得有。且不说现在普遍的饭来张口，衣来伸手，食不厌精，穿不厌新。有的孩子穿着讲名牌，吃用要高档，来回车子接，出手（请客送礼）讲气派，活脱脱是"泡在蜜糖里"长大的。殊不知，这样做非但不是爱孩子，从长远角度看，反而害了孩子。作为父亲，宠爱孩子应该有度，与其堆金砌银、任其消费而使之变成纨绔子弟，不如为他们创造条件，提供保障令其成才。

那么，怎样让孩子理解父辈的金钱与资产同自己成长之间的关系呢？在这一点上，董浩云的做法颇值得现代做父亲的借鉴。

因此，为了孩子的明天阳光灿烂，就必须高度重视对其加强素质教育，而在物质上掌握适当分寸，应该让他们经历风雨，走过泥泞。激发刻苦进取、奋发有为的精神，逐步养成勤俭节约的习惯，增强独立生活的能力。那样，年轻的心态才会更成熟，面对选择才会更理智。社会竞争，绝不仅仅是知识和智能的较量，更多的是意志和毅力的较量，没有吃苦的精神和能力，是不可能在激烈的竞争中获胜的。所以，董浩云非常重视从小培养孩子的自理能力和吃苦精神。

诚然，我们不能说只有吃过苦的孩子才有出息，也不是说要把我们的孩子送回过去，吃二遍苦，受二茬罪。但是，可以肯定的是，如果孩子的成长过于顺利，过于以自我为中心，为所欲为，无疑是极为有害的。所以，现在教育界的有识之士和一些开明的父母提出要对孩子适当地进行"吃苦教育"，使身处顺境的孩子了解生活的艰辛，锻炼健康的体魄，养成健全的人格。

董建华吃苦耐劳的意志精神，不是一时培养和训练的结果，它是其父亲从小在生活中慢慢培养起来的。但是现在许多父母，为了培养孩子强健的心理品格，不少人开始尝试"吃苦教育"，遗憾的是，但他们都太急功近利，过于追求一种短期效应，忽视了人才培养的根本要素和这种教育方法的局限性，使"吃苦教育"步入误区。

不可否认，让孩子参加各种各样的夏令营活动，通过体验农村生活、军营生活或走访偏僻山区、革命圣地，以及开展各种丰富多彩的联谊活动，在一定程度上的确能培养孩子吃苦耐劳的精神，使孩子受到挫折教育。但也应看到，仅仅靠短短几天的"艰苦生活"或一次远距离的"拉练"，是很难从根本上消除孩子身上的"娇、骄"二气的，而"吃苦"一旦被人为地"炮制"出来，也只能是一种"游戏"，而非严格意义上的实际锻炼。这种锻炼与实际生活中的"吃苦"相比，还有一定的距离。

心理学家告诉我们，意志培养主要是在无充分准备的状态下进行的。孩子们在参加上述各种夏令营时，已在心理上和生理上做好了各种准备，即使是为了赌一口气，也要经受住痛苦的考验，而生活中的许多挫折却往往出现在不经意时。学习环境的变迁、家庭的变故、好友的背叛、学习或事业的失意……往往是在不知不觉中来到的。只有经受得住诸如此类的挫折，才能说成功地经历了"挫折教育"。因此"挫折教育"更多地应由师长们在日常生活中潜移默化地进行。

众所周知，家庭教育和学校教育是孩子健康成长的关键环节，培养孩子的"吃苦能力"和"耐挫能力"，更重要的还是应在日常生活中对孩子从严要求，不能凡事包办，适当地让孩子参加劳动，做做家务，该放手时就放手，及时抓住生活中随时可能出现的挫折对孩子进行教育，以培养孩子自立、自强的健康人格和良好生活习惯。这才是治本之策。

艰辛，藉以培养孩子的适应能力和吃苦精神。董浩云对待孩子们非常注意从日常生活中培养孩子的吃苦精神，要他们从小经历磨难、挫折、吃苦的远见卓识的教育办法，值得现代父母借鉴。

不可否认，许多父母已意识到竞争日趋激烈的社会容不下娇滴滴的温室花朵，应当让孩子从小经受挫折，磨炼意志，提高孩子对挫折的心理承受力。于是，他们把孩子送到夏令营，参加所谓"自找苦吃"、"以苦为乐"活动。其实，吃苦并不是目的，关键是通过适当吃苦磨炼，使孩子对自己和社会都有信心，增强承受挫折的心理能力。其实，生活中挫折无处不在。孩子在成长的过程中，要经历难以计数的挫折，和伙伴相处的冲突、搭积木的失败、考试成绩差……应该利用这些日常生活情境，通过自然方法妨碍或干扰孩子某些目标的实现，让他们体验挫折，从而使他们摆脱依赖，增强对困难的承受力。

吃苦也好，劳动也好，它的最终意义是什么呢？并不单是学会了一种本领，实际上，他也是在体谅别人，知道别人劳动是不容易的，吃苦不是目的，而是培养一种责任心，一种适应社会的潜力。如果从小就没有吃一点苦，没有遇到一点挫折，经受一点磨炼，对他今后的成长会埋下一个隐患。

成功 | 第六章

尼克松家训：要收获就要付出汗水

尼克松出生于美国加利福尼亚州洛杉矶附近的约巴林达镇。爱尔兰人后裔。父亲是汽车加油站和百货店老板。尼克松毕业于惠蒂尔学院和迪克大学。1934年获惠特尔学院学士学位。后进杜克大学专修法学，1937年获法学士学位。1937年至1942年在加利福尼亚州惠特尔当律师。1938年6月加入共和党。1942年至1946年在海军服役，升为海军少校，复员后曾两次入选参议院。

1946年，尼克松当选为美国众议院共和党议员，开始步入政界。1950年当选为美国联邦参议员。1952年，他作为艾森豪威尔的竞选伙伴，当选为美国副总统，任副总统4年。1956年他再度当选为美国副总统。1968年尼克松当选为美国第46届（第37任）总统。1972年1月连任第47届总统。

尼克松有两个女儿，长女帕特丽夏（翠西）·尼克松·考克斯很有主持天赋，曾经在哥伦比亚广播公司的一个小时的节目里，她主持了对白宫的电视游览，举国为她的魅力所倾倒。次女朱莉·尼克松·艾森豪威尔是一位编辑兼作家。

理查德·米尔豪斯·尼克松和大多数美国总统一样，他的童年也可以看做是美国历史的缩影——没有多少祖先留下的资本，只有靠自己的努力才能成功。如果说有美国精神存在的话，开拓进取、独立创业应该说是其中最重要的内容。而这种精神，几乎是所有成功的美国人不可或缺的素质，即使他家财万贯，门第高贵，都离不开这种精神，尼克松的人生起跑线,也注定从他出生时就开始了。

尼克松大约只有3岁的时候,他的母亲驾着一辆轻便马车,尼克松和弟弟都坐在车上,在马车飞速地转弯时,尼克松被摔在了地上。当马被母亲勒住时,尼克松也从地上爬了起来,但是被摔坏了,并留下了终生的疤痕。这条疤痕见证了他童年的艰辛,同时也证明着他的坚强。

尼克松的家境并不富裕,一家人只能从土地上获得自己必需的食物。在尼克松9岁时,父亲卖掉了屋子和菜果园,迁到了惠特尔。父亲十分勤劳,靠自己的双手辛勤耕耘,以改变全家人的命运。终于,他有了自己经营的加油站,后来就又办起了杂货店,并专门出售尼克松家制的馅饼和蛋糕,将尼克松母亲的绝活手艺推向了市场。

父母的勤劳对尼克松产生了很大影响。他很早就参加家务劳动,做些力所能及的事。父母经常拿《圣经》中的"你必须汗流满面,才得糊口"这句话来教育他,让尼克松刻骨铭心。尼克松很快就成为了家里的得力帮手。在父亲和母亲辛勤劳动的带动下,尼克松充分认识到劳动能够创造一切,能够改变和获得自己的需求。正是靠着给家人的帮忙,尼克松也深深体会到了劳动的快乐和成果。

据尼克松回忆,他每天早晨4点钟就起床,以便在5点之前赶到洛杉矶第七街菜市场。他亲自挑选水果和蔬菜,尽力同农民和批发商讨价还价,希望买得便宜些,并把选购好的货物用马车送回家,把这些货物洗净、分级等,放到店铺后,并在8点钟再去上学。尽管很辛苦,但每次劳动后,尼克松都感到一种轻松和快乐。因为他靠自己的努力,得到了收获。

童年的经历最后成为习惯,尼克松终生都谨记父母教给他的这句话:靠自己的付出来实现人生的目标。

生活中,有的人只求付出,不求回报。但有的人却什么都不愿意付出,只求回报;有的人付出大于回报;有的人付出却低于回报,但99%的人都会认为自己的付出大于所得的回报。

有些人老是抱怨这个世界不公正。他们认为自己为别人付出了许多，却得不到相应的回报。他们对生活表示愤慨，谨慎地提防着他人的"险恶用心"，怕一不小心陷入人为设置的陷阱，成为他人的猎物。其实，公正自在人心。

曾有一位管理家告诫人们："疲于奔波生活着的人啊，别一味奢求大于或等于你付出的回报，那是不可能的。"

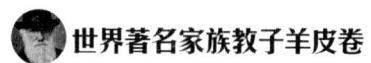世界著名家族教子羊皮卷

福特家训：有成就欲才能成功

福特汽车公司是世界最大的汽车企业之一，由亨利·福特先生创立于1903年。它是一个以生产汽车为主，业务范围涉及电子、航空、钢铁和军工等领域的综合性跨国垄断工业集团。它于1901年成立于美国的底特律，目前公司总部设在美国密歇根州的迪尔伯恩市，拥有职工总数达37万人。

在1999年，《财富》杂志将亨利·福特评为"20世纪商业巨人"以表彰他和福特汽车公司对人类工业发展所作出的杰出贡献。亨利·福特先生成功的秘诀只有一个：尽力了解人们内心的需求，用最好的材料，由最好的员工，为大众制造人人都买得起的好车。

目前，比尔·福特是福特家族第四代掌门人，是福特汽车公司董事长兼CEO。

亨利·福特从小精力旺盛，父亲较早就对他进行启蒙教育。亨利的记忆力虽好，但就是缺少耐性。母亲抓住他的手教他写字，但他写不了半个小时就不干了。

为了管住儿子，亨利7岁的时候，父亲便把他送进苏格兰人开垦地的学校学习。在学校里，他的算术成绩一直名列前茅，但其他各科的成绩却并不好，同时他又对各种机械有着浓厚的兴趣。

一个北风呼啸的冬日，亨利跟父亲搭火车到八英里外的底特律去。那是他第一次看到火车头，这个庞然怪物，使他感到异常的惊奇，也使他产生了浓厚的兴趣。那位好心的列车长，看他如此着迷，便让他进入火车

头,并为他开动了车头,满足了亨利的好奇心。他怀着激动的心情,坐在驾驶台上,把汽笛按得嘀嘀响。

回到家里,他兴奋得整夜都没睡。第二天一大早,他就瞒着父亲,从厨房里偷来两个水壶,一个壶里装上烧开的水,一个壶里放满烧得火红的煤炭,然后从贮藏室里取来雪橇,把两个水壶放到雪橇上。他一边在地上滑动着雪橇,一边叫着:"喂,火车头来了,火车头来了!"他沉浸在欢乐之中,为自己的创作而自豪。

亨利在自己的房间里藏有七种"秘密武器":钻孔机、锉刀、铁锤、铆钉、锯、螺栓和螺丝帽。

亨利对一切机械都充满了好奇心,他不但研究火车头,还研究手表,想把天下所有的手表都打开看看。这个"疯狂的破坏者",引起家里人百般警惕。只要一看见亨利回家,家人便立刻慌忙地把所有的表全部收藏起来,否则那些装饰华丽昂贵的怀表,顷刻间便会"五马分尸"。

亨利家中饲养了很多牛、马、鸡、猪、羊、火鸡等动物,开始父亲经常强制他照看这些家禽家畜,但他的全部兴趣都在钟表上。父亲曾责备过他,但同时也看到,儿子有强烈的求知欲,有孜孜不倦的探求奥秘的精神,还有一份悟性,这才是一般孩子所难具有的。为了帮助儿子达成"欲望",父亲在发现儿子的"工作成果"的同时也开始给予及时的鼓励,还特意把一块珍贵的"恺撒表"奖励给他。

追求成就者不愿做没有挑战性的事情,这似乎得到了大多数人的共识。大凡有成就的人,都具有取得成就的欲望。有人把这种欲望归结为三要素:一是权力,二是成就,三是交往。寻求权力的人希望做出他人服从的决定,与他人交往者渴望得到伙伴,而追求成就者一心要做成某件事情。

美国哈佛大学心理学家戴维·发克莱兰对人的成就欲进行了大量研究后认为:在科学技术、企业经营、运动比赛等各方面有成就、有作为的人，其成就欲都高，他认为贡献远比报酬重要；他们总喜欢富有挑战性的工作，在事业上从不满足。因此，一个人能否取得成就，应和他是否具有强烈的成就欲有着密切的关系。

孩子最初的成就欲是后天习得的，是需要靠父母来培养的，是外在的，以后才逐渐转化为内在的。要知道，就像是荆山之玉，尽管很美，也需要识别，尤其需要雕琢。对于孩子来说，除了智力教育，情感教育、意志训练和创造训练是缺一不可的，成就教育也是必不可少的。

那么，父母该如何培养孩子的成就欲呢？

（1）建立良好的亲子关系。良好的亲子关系是提升孩子成就动机的大前提。如果孩子敬重、认同父母，感受到父母对他的信任和关爱，父母就更能发挥对孩子的影响力。父母若能在家庭中建立正确的价值观，带动家庭成员对"成功"的重视，鼓励亲子、手足间互相帮助，避免竞争比较，孩子有较高的主动性和独立性，也间接鼓励个人的成就动机。

（2）要尊重孩子的独立性。孩子生来就是自主自动的，无需督促，他们都会奋力学习行走，一旦学会了就要试着奔跑；他们都独立自主地做自己喜欢的游戏，厌恶别人的干涉；他们都有好奇心，会主动地询问不明白的各种事情。孩子独立地做着各种事情时，会体验到各种情感，这种体验反过来发展着他们做事情的欲望和兴趣。在他们的努力下，事情成功时，心情与在别人帮助或强迫下成功是大不一样的。这种喜悦是巨大的，巨大喜悦会激起争取更大成功的欲望。当然也会有失败，而失败的情感体验会使他们产生出不屈不挠的精神来，完全不同于大人的禁止所造成的悲伤与挫折，后者只会招致怨恨，对孩子的成长有百害而无一利。

（3）丰富孩子健全的情绪体验。脑生理学家指出，支配创造欲望的区域与支配情感的区域，同在大脑"新皮质"的额叶。这正是与动物本质不同之所在。人有两片额叶，动物没有。只有人才会产生动物远不能比拟的复杂欲望和感情。因此，要发展孩子的成就欲，必须丰富孩子的情绪体验，使他们成为情感丰富、身心健全的人。

（4）适时地给予正向回馈。父母对孩子具有相当的影响力，适时的鼓励和支持能成为激发孩子的动力。对孩子而言，能立即得到表现结果的回馈是重要的。回馈可用具体明确的言语表达，也可选择对孩子具体有吸引力的酬赏，适时给予奖励。

（5）要创造条件让孩子尽早取得成功。成就欲是在一次次取得成功的基础上发展起来的。因此，不论教孩子学什么、做什么，都要为之创造条件，耐心扶持，让他们获得成功，体验到长大的快乐。绝不能不闻不问，使其屡遭挫折，更不能冷嘲热讽和训斥他们笨拙。作为父母，不要忘了，孩子的感情毕竟脆弱，原先的热情再高，如果一味地受到挫折，也会失去干下去的愿望。

（6）要帮助孩子不断总结经验教训。好冲动，凡事动手就做是孩子普遍的、合乎规律的特点，父母不能要求孩子"三思而后行"，但我们可以帮助孩子"行后而三思"，即事后帮助他们分析哪些地方还有不足，如果重新做时应怎样改进而做得更好，使孩子的聪明才智和成就欲得到更好的发挥。孩子的智慧和成就欲都将在总结后得到更好地发展。

（7）要鼓励孩子涉足新的领域，敢于做从未做过的事情。孩子本来是无所畏惧的，他们喜欢冒险，喜欢做危险性的游戏，甚至有时会搞一些恶作剧，但是父母总是责怪他们："那可不行啊！太危险了，要乖乖地听话。""那地方能去吗？"这些责备和禁令是十分有害的。兴趣的萌芽、新奇的体验会被摧毁、湮灭，额叶会因得不到足够的刺激而发展不起来，孩子会变成一个缺乏欲望的人。

成就欲关系着个人自我的价值感，对个人的一生可谓影响甚大，如果忽略孩子成就欲的养成和提升，孩子可能会成为缺乏动机的低成就者。因此如何增进孩子的成就欲，值得做父母的关注和努力。

门罗家训：宽容也是一种能力

门罗的曾祖父安德鲁·门罗是英格兰国王爱德华三世的后裔。1648年8月的普雷斯顿战役中，他是英国国王查理一世手下的一名军官，被俘后被流放到弗吉尼亚，从此就在这里定居下来。尽管有这样高贵的贵族身份，但门罗家族的实力很有限，每一代人都要为自己的生存而不懈努力。到了门罗的父亲斯宾斯·门罗时代也是如此。可以说宽容、勤奋、自立是这个家族一直保持的家训。

詹姆斯·门罗是美国第5任总统，他生于弗吉尼亚威斯特摩兰县，是华盛顿的同乡。他的父亲是个农庄主和工匠，家境不是很富裕，但为门罗的教育和成长提供了很好的条件。他就读于威廉—玛丽学院，中途退学，参加了独立战争，因为作战身先士卒，深受华盛顿将军喜爱。后来当选为联邦议会议员，是其中最年轻的议员。他先后当过律师、议员、驻外使节、州长、国务卿、陆军部长，美国建国后的很多重大活动，他都亲身参与过。1817年当选总统。

美国第五任总统詹姆斯·门罗的出身并不是很好，但父母在他的教育方面却下足了工夫，这对门罗的成长起到了关键的作用。

作为最富才能的美国总统，门罗的身上显现着各种不凡的魅力，但归结起来，不过是他父母留给他的三件宝贵财富：教育、勇气、宽容。

在门罗的身上可以看到很多优点，如坚定、勇敢、机智。此外，他"羞怯的性格中包含着倔强耿直，为人处世彬彬有礼，心地本质的忠厚善良使人感到轻松自在",是一个很有魅力的领导者。但是,作为一个政治家,他还有一种非常难得的优点,那就是宽容。这也和他所受的家庭教育有关。父亲斯宾斯和那些刻板、严厉的父母不一样,他非常注意发现孩子的优点,并充分引导,而不是一味管束。

斯宾斯对子女是非常宽容的,门罗也继承了他的这种优点,并在日后的政治活动中充分发挥。由于宽容,无论门罗走在哪里,都能受到人们的尊敬和支持。

接替麦迪逊担任总统后,门罗维护了国内的稳定,促进了经济的快速发展。当时一些联邦党人还在进行分裂活动,门罗推行折中方针,任职后不久立即视察了战争期间曾经声言要分离出去的新英格兰地区。为了维护国家的统一,他决定抛弃旧怨,团结联邦党人,四处奔波游说,强调联邦国家统一的必要性和长远利益。经过他的努力,终于制止了分裂,开创了美国历史上的"和谐时代"。

有容德乃大。门罗把当时有影响的人物几乎全部吸收到自己的内阁中来。曾经在党内和他争夺总统候选人资格的克劳福德,被他任命为财政部长。身为联邦党人亚当斯之子的约翰·昆西·亚当斯,被他任命为国务卿,在外交方面发挥了重要作用,被称为最好的国务卿。他还任命约翰·卡尔霍恩为陆军部长,管理军事。他的内阁人才济济,被认为是美国历史上最强有力的内阁。

门罗还把党外的一大批英才都笼络在自己周围,通过很好地协调,维持了和这些人的良好关系,很少产生矛盾,这就保证了政府的团结和各种政策的顺利执行。

门罗虽然当过军人,但做事从不专断,每当做出一个决定,他事前总要和大家进行精心的讨论和全面的分析,直到达成最后的意见。也正因为如此,在他任职期间,美国各项政策没有大的失误,在这方面,不用说亚当斯和麦迪逊,就连华盛顿总统也有所不及。

在待人方面，门罗不仅能用人，更能容人。对于同事的顶撞，他从不放在心上。财政部长威廉·克劳福德脾气暴躁，两人曾因意见不合发生过激烈的争吵，克劳福德甚至还向门罗举起了手杖。门罗不得不抓起壁炉的镜子以进行自卫。可是，当克劳福德为自己的莽撞行为道歉时，门罗毫不在意，竟欣然接受了，两人也因此和好如初。门罗靠宽容的美德团结了所有能团结的人，从而顺利地制定和推行各项政策。也正是因为他的宽容，他任职期间，党派之争降到最低限度，形成了"感情和睦时代"，这在美国历史上都是罕见的。他因此受到各方人士的普遍拥戴，成为这个国家团结精神的化身。

门罗从父亲那里继承了待人宽容的品质，当他自己做了父亲以后，他就把这种品质传承给了自己的下一代。因此，他那后来代母职而成为白宫女主人的女儿也是一个比较宽容的人。由此，我们完全可以看到"宽容"即为门罗家族的家训。

詹姆斯·门罗有一子两女。他的女儿伊丽莎白·科特莱特·门罗·海毕业于法国巴黎坎潘夫人女子学校，是白宫女主人。

建立良好人际关系的第二法门，即宽以待人。此语虽然听来容易，但实际去做时，便会发现并不简单。

爱迪生家训：有好奇心才有求知欲

托马斯·爱迪生是美国电学家和发明家，他除了在留声机、电灯、电话、电报、电影等方面的发明和贡献以外，在矿业、建筑业、化工等领域也有不少真知灼见和著名创造。爱迪生一生有2000多项创造发明，为人类的文明和进步做出了巨大贡献。

爱迪生的长子是一个艺术家，次子也是一位发明家。

爱迪生在很小的时候，就显露出了极强的好奇心。他只要看到不明白的事情，就会抓住大人的衣角儿问个不停，非要问出个究竟来。

一天，他指着正在孵蛋的母鸡问妈妈："母鸡把蛋坐在屁股底下干吗呀？"妈妈说："那是在孵小鸡呢！"下午，爱迪生突然不见了，家里人急得到处寻找，终于在鸡窝里找到了他。原来，他正蹲在鸡窝里孵蛋呢！父母看了以后，哭笑不得，只好把他拉回家。

还有一次，爱迪生看见鸟儿在天空中自由飞翔，就想：既然鸟能飞，人为什么就不能飞呢？于是，为了让小伙伴飞上天空去，他找来一些药粉给小伙伴吃下。结果，小伙伴差点儿连命都丢了，爱迪生也因此被父亲狠狠地打了一顿。

爱迪生的每一项发明都和他的好奇心紧紧相连，但好奇心需要爱的保护和支持。爱迪生的好奇心，无论表现为古怪的提问还是那些荒唐的举止，母亲都能给予理解、保护和引导。我们在惊叹爱迪生拥有造福人类的

2000多项发明的同时，更要感谢他的母亲为人类培养了一位杰出的发明家。爱迪生曾经说过："造就我的，便是我的母亲。"从某种意义上说，爱迪生之所以能在科学上取得这么大的成就是与他母亲的爱护和支持分不开的。

爱迪生孵小鸡的故事人人皆知，但是作为母亲，却很少人会像南希对待爱迪生那样认真地对待自己的孩子的好奇心。

孩子爱"搞破坏"是他们对事物探求的一种表现，是创造性萌芽的基本体现。从孩子一出生，他们就带着强烈的好奇心来到了这个世界，他们对周围的事物充满了新鲜和好奇，他们要用自己的双手来探求这个神奇的世界。不少发明家，像爱迪生一样，在幼年的时候也常被人们称作"破坏"家，他们搞的"破坏"也常让父母头痛、老师生气。可是，正是这些淘气的家伙，凭借着他们对周围事物的好奇心，努力地探求着日常生活，长大以后最终成为知名的大发明家，在人类的历史上留下了辉煌的一笔。如果我们合理给予孩子引导，那么就能从小培养孩子的求知欲望，帮助他们养成勤于探索的习惯，为他们今后做出创造性贡献打好坚实的基础。

如果调皮的"爱迪生"就是你的孩子，请问，你会怎样对他进行爱护和教育？正确对待孩子的好奇心，包括正确对待孩子提出的问题和正确对待孩子因好奇而导致的破坏行为两个方面。

1. 正确对待孩子的提问

由于孩子的好奇心理，知识面狭窄，生活经验简单，他常常会提一些幼稚的、甚至让人捧腹大笑的问题。对于一个你觉得简单的、已作答的问题，他会刨根问底，问了一遍又一遍，不厌其烦，让人难以招架。孩子好问是好事，但要满足孩子的好奇心，让孩子得到满意的回答却是件难事。这就要求我们讲究对待孩子提问的艺术。

（1）鼓励孩子提问，启发孩子提问，不要讽刺、嘲笑。一个孩子好问，说明他好奇心强，求知欲强盛，父母要对他进行赞扬和鼓励，并及时、正确、通俗地作答。父母如果忽视孩子的提问，对孩子的问题置之不理，甚至嫌孩子烦，就会导致孩子不敢或不愿再提问，对周围的一切都失去了好奇与热情。高尔基曾经说过："对孩子的问题，如果回答说等着吧，长大了就会懂。这等于打消孩子的求知欲。"所以，父母对孩子的提问应该做答。对于一些孩子当时确实不理解的问题，不能给孩子以"等你长大了，读的书多了就会明白"这样的回答，应鼓励孩子进一步学习知识，自己寻求答案。

（2）回答孩子的问题要有启发性。对于定向性的问题（如那是什么？这叫什么？）可以直接回答孩子，但对于有逻辑关系的，以及其他较复杂的问题，父母要注意引导孩子去思考，让孩子用自己已有的知识经验，通过观察和总结找出答案。

（3）还应该注意一点：如果孩子提出的问题父母也不知道答案，父母千万不要"不懂装懂"，信口开河去哄骗小孩。应该如实告诉孩子："这个问题我也不知道答案，等我查了书或问了别人再告诉你。"事后，父母要言而有信，尽快把正确答案告诉孩子。

2. 正确对待孩子因好奇而导致的破坏性行为

孩子强烈的好奇心除了表现为好问之外，还表现为好动。由于孩子的好奇心理而年幼无知，其好动倾向往往会导致一些破坏性行为的发生。对此，父母要正确处理，不可打骂指责和惩罚孩子，而应该耐心地引导、教育孩子。例如，孩子拆坏玩具后，父母不应该打骂，或是许诺再不给他买玩具了，而应该简单地向孩子讲述玩具的构造原理和安装方法，然后与孩子一起把玩具修好，并向孩子介绍玩具的正确使用方法，让孩子学会使用玩具、爱惜玩具。

有人说孩子天生就是个创造者,因为他们生来活泼好动,不被各种各样的规矩所桎梏,他们敢于打破常规,不按照成年人的模式去思考问题,所以他们常常会创造出与众不同的事物来。但是,随着孩子年龄的增长,他们的创造天赋却在一天天减少,这里面的原因主要在于,很多孩子的创造力都被循规蹈矩的父母在不知不觉中给扼杀掉了。最难驯服的烈马,往往可能就是最好的马。

丘吉尔家训：理解孩子

温斯顿·丘吉尔，英国首相，在第二次世界大战期间，带领英国人民取得了反法西斯战争伟大胜利的民族英雄，是与斯大林、罗斯福并立的"三巨头"之一，是矗立于世界史册上的一代伟人。这个在世界现代史上留下深深足迹的人，是一个富于传奇色彩的政治家。他那具有象征胜利的"V"字型手势，曾风靡全球。

丘吉尔出身于声名显赫的贵族家庭。他的祖先马尔巴罗公爵是英国历史上著名的军事统帅，是安妮女王统治时期英国政界权倾一时的风云人物；他的父亲伦道夫勋爵是19世纪末英国的杰出政治家，曾任索尔兹伯里内阁的财政大臣。

丘吉尔一共育有5个孩子：其中莎拉后来成了一名电影演员，儿子伦道夫则踏入政坛，成为一名保守党议员。

幼年时的丘吉尔是一个顽皮的孩子，但他不做坏事。他经常把小伙伴们组织起来，自己充当小头头，向其他人发号施令。有时，向小伙伴们讲述自己从大人那里听来的故事。官场上的大人们都说丘吉尔是个有个性的孩子，将来或许有些作为。他的父母看到丘吉尔的所作所为，并不担心什么，因为他从不损坏别人和自己的东西。

上学时的丘吉尔，学习成绩出乎意料的差。他没有耐心来啃那些枯燥的拉丁语和自然科学的公式、定理，但他在学习本民族语言方面却有着特殊的兴趣，并表现了出众的能力。在历史和哲学方面，他学得饶有兴趣。

后来，他以勉强及格的平均成绩挤进了哈罗公学（专门培养英国贵族和有钱人家子弟的学校）。他被列为学习成绩最差的学生。好在哈罗公学强调英语写作，这才勉强允许他把本校的课程学完。

丘吉尔的学习成绩差，曾引起学校老师的多次警告。而他的父母认为，丘吉尔的智力是优良的，英语写作和演讲也非同一般，分数并不能说明什么，假如专业与他的特长相符，兴许会好起来的。他的父母丢掉贵族家庭的包袱，送他进了桑赫斯特军校，当了一名骑兵士官生。桑赫斯特军校是一所极普通的士官学校，有身份的人的孩子一般是不会到这所学校的。正是在这个上流社会子弟们瞧不起的地方，丘吉尔如鱼得水。军校毕业时，丘吉尔的成绩在班上名列前茅。

后来，丘吉尔回忆自己这段经历时说："那时，我是班上成绩最差的孩子，但父母亲都非常理解我。"

就算这个世界上所有的人都认为你的孩子不行，但身为父母的你却千万不能这样认为，历史上有太多的例子可以佐证这一点，丘吉尔的成功便是一个很好的例子——父母的理解，以及对家庭、对事业的责任感，给他提供了学习的榜样，树立了奋斗目标，也培育了他对祖国的历史责任感，这些成为丘吉尔一生孜孜不倦地追求和建功立业的强大驱动力，也成为丘吉尔的教子家训。

理解和沟通，都是需要时间的。父母对孩子要多些耐心，多些理解，父母与子女间的信任和尊重的和谐关系也就能慢慢建立起来了。

理解孩子，应是一种事实而不是愿望。当然了，理解孩子，不能只是一种心愿或口头上的表达。你必须切实地做到这一点。这很关键！

对孩子的愿望上的理解和事实上的理解，是截然不同的。一个孩子逐渐懂事，他的心理也会复杂起来。作为父母，是否了解孩子的性格、喜好、品德、才能、天赋？是否了解他的学习情况？是否明白你自己在孩子心目中的形象？如果连这些最基本的你都不清楚，那么就不要对孩子说:"我理解你……"否则,父母表示出的错误的理解会让孩子反感和不屑。

对孩子事实上的了解,是对他的心情的一种感同身受,父母可以把自己想象成处在他的位置,想象自己像他这么大的时候是什么样。如果父母做到了这一点,那才说明父母已经进入到了孩子的世界中。

每个孩子都有自己的想法,也都有自己的行为方式。作为父母,就要理解和爱护他们。如果孩子犯了错误,无论采取任何方式,都要惩罚他,帮助他找出错误的根源,然后和他一起结合自己的实际情况,确定一个切合实际的方法,通过多种途径去改进它。只有这样,才能实现我们教育的目标。

表扬和奖励、批评和惩罚,都是教育的手段和方式,几种方式应该相辅相成。没有惩罚的教育是不完整的教育,没有奖励的教育也是一种不完整的教育。教育的秘诀是真爱,在信任了解的基础上,给孩子充分的成长空间。其实,孩子就是在磕磕绊绊中长大的。要相信,孩子的能力,永远超出大人的想象。

林肯曾说过:"一滴蜂蜜比一滴苦汁能吸引更多的昆虫。"人类也是如此。如果希望一个人赞同你的目标,首先要使他相信你是他真诚的朋友。这其中要有一滴蜂蜜吸引住他的心,你一旦获得了他,你便会发现使他信服你的目标并不难。这滴蜂蜜,就是父母对孩子发自内心的尊重和信任。相反,你若专横地干涉孩子的判断,指责他的行为,他便会从内心关闭与你交流的通道。这时,就只能说,你的教育还没有开始就已经结束了。你的努力一定是徒劳的,而你的教育也只能是一厢情愿而已。

惩罚以后的鼓励更能让孩子感觉到对他的惩罚的真正意义——不是指责,不是遗弃,而是帮助。父母的这种做法有利于帮助孩子彻底改正错误,树立信心,重塑自我,从而获得最佳的教育效果。

纠正孩子的不良行为,一定不要伤及孩子的自尊心和自信心,这是教育的原则。在日常生活中，如何在不伤害孩子自尊心的前提下，及时纠正孩子的错误呢？

要做到这一点，首先要尊重孩子。我们在纠正孩子的不良行为时，应注意：纠正的是不良行为，而不是不良的孩子。没有不良的孩子，只有不良的行为。

其次，不要用过激的言词。孩子在玩，不过来吃饭，可以说："你干吗呢？爸爸妈妈都在等你了，一会儿饭菜都凉了，吃了肚子会痛。"不要说："你再不来吃，就不给你吃了。"特别是，不要造成孩子的直接顶撞。直接顶撞起来，双方都不好下台。理解孩子，是沟通的第一步。生活中有很多霸道父母，不了解孩子，也不愿意去了解孩子，却自以为了解。一个父母与孩子不做沟通的家庭，往往是危机四伏的。